Hebrew and Heritage by David Bridger – 1

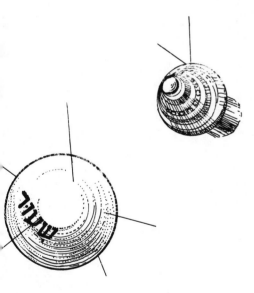

BEHRMAN HOUSE INC.

דָוִד בְּרִידגֶ'ר

עִבְרִית חֲדָשָׁה

לְתוֹדָעָה יְהוּדִית

1

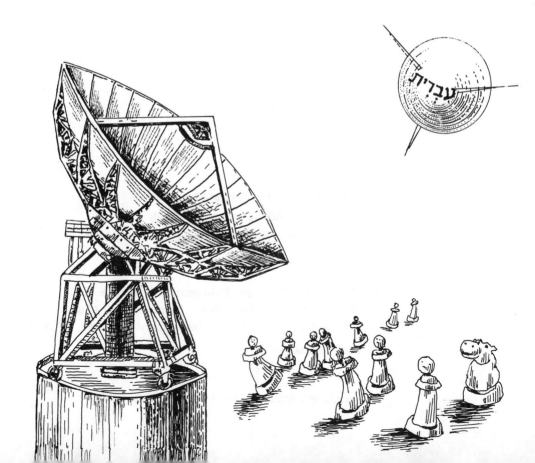

This book was illustrated by ZHENIA SHOR
and designed by HANANYA COHEN
under the supervision of PRISCILLA FISHMAN

© Copyright 1977 by Behrman House, Inc.
235 Watchung Ave., West Orange, N.J. 07052
Library of Congress Catalog Card Number: 75–1812

ISBN: 0-87441-254-4

MANUFACTURED IN THE UNITED STATES OF AMERICA

יְחִידָה אָלֶף
Unit One – In The Classroom
בַּכִּתָּה

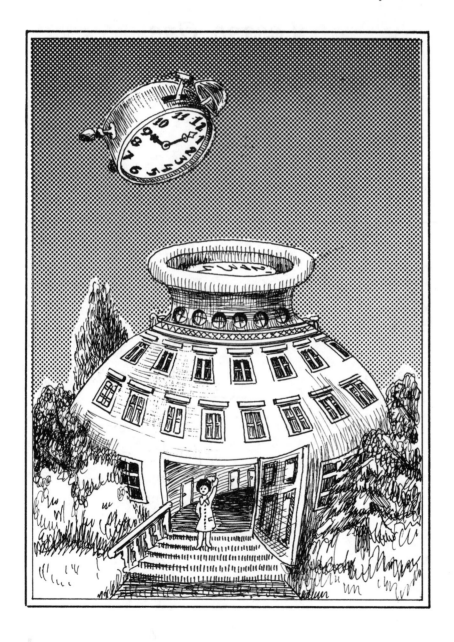

שִׁעוּר רִאשׁוֹן

Ψ₸Ψ₸Ψ₸Ψ₸Ψ₸Ψ₸Ψ₸Ψ₸Ψ₸Ψ₸Ψ₸Ψ₸Ψ₸Ψ₸Ψ₸Ψ₸Ψ

Lesson One

א

מוֹרָה: שָׁלוֹם!

יְלָדִים: שָׁלוֹם!

מוֹרָה: שָׁלוֹם, יְלָדִים.

יְלָדִים: שָׁלוֹם.

מוֹרָה: אֲנִי מוֹרָה.

יְלָדִים: שָׁלוֹם, מוֹרָה.

ב

מוֹרָה: מִי דָוִד?

דָוִד: אֲנִי דָוִד.

מוֹרָה: שָׁלוֹם, דָוִד.

דָוִד: שָׁלוֹם, מוֹרָה.

ג

מוֹרָה: מִי אוֹרָה?

אוֹרָה: אֲנִי אוֹרָה.

מוֹרָה: שָׁלוֹם, אוֹרָה.

אוֹרָה: שָׁלוֹם, מוֹרָה.

דִּגְמֵי מִשְׁפָּט *Sentence Patterns*

א	ב	ג
שָׁלוֹם, מוֹרָה.	מִי מוֹרָה?	אֲנִי מוֹרָה.
שָׁלוֹם, דָּוִד.	מִי דָּוִד?	אֲנִי דָּוִד.
שָׁלוֹם, יְלָדִים.	מִי אוֹרָה?	אֲנִי אוֹרָה.

שָׁלוֹם! *Hello!*

אֲנִי מוֹרָה. שָׁלוֹם.
מִי דָּוִד?
– אֲנִי דָּוִד.
מִי אוֹרָה?
– אֲנִי אוֹרָה.
שָׁלוֹם, דָּוִד. שָׁלוֹם, אוֹרָה.
שָׁלוֹם, יְלָדִים.
– שָׁלוֹם, מוֹרָה.

Check (√) the Hebrew word or sentence which best describes the illustration to the left.

(√) שָׁלוֹם, מוֹרָה.
( ) שָׁלוֹם, יְלָדִים.
( ) שָׁלוֹם, אוֹרָה.

(√) מִי?
( ) יְלָדִים
( ) מוֹרָה

(√) אֲנִי דָּוִד.
( ) אֲנִי אוֹרָה.
( ) אֲנִי מוֹרָה.

( ) מִי אוֹרָה?
(√) אֲנִי אוֹרָה.
( ) אֲנִי מוֹרָה.

שִׁעוּר שֵׁנִי

Lesson Two

א

מוֹרָה: יְלָדִים, זֹאת כִּתָּה.

יְלָדִים: כֵּן. זֹאת כִּתָּה.

מוֹרָה: מִי בַּכִּתָּה?

יְלָדִים: יְלָדִים בַּכִּתָּה.

מוֹרָה: בַּכִּתָּה מוֹרָה?

יְלָדִים: כֵּן. בַּכִּתָּה מוֹרָה.

מוֹרָה: בַּכִּתָּה יְלָדִים?

יְלָדִים: כֵּן, בַּכִּתָּה יְלָדִים.

ב

מוֹרָה: מִי בַּכִּתָּה?
משֶׁה: אֲנִי בַּכִּתָּה.
מוֹרָה: מִי אַתָּה?
משֶׁה: אֲנִי משֶׁה.
מוֹרָה: משֶׁה, מִי לֹא בַּכִּתָּה?
משֶׁה: אוּרִי לֹא בַּכִּתָּה.

ג

מוֹרָה: מִי בַּכִּתָּה?
רוּת: אֲנִי בַּכִּתָּה.
מוֹרָה: מִי אַתְּ?
רוּת: אֲנִי רוּת.
מוֹרָה: רוּת, מִי לֹא בַּכִּתָּה?
רוּת: דִּינָה לֹא בַּכִּתָּה.

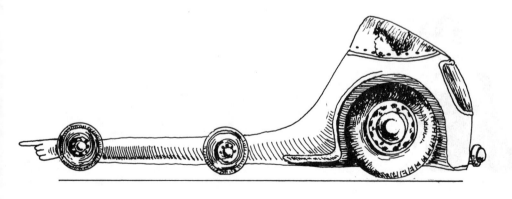

דְּגָמֵי מִשְׁפָּט *Sentence Patterns*

א

שָׁלוֹם, יְלָדִים.
שָׁלוֹם, מוֹרָה.
שָׁלוֹם, דָּוִד.
שָׁלוֹם, אוֹרָה.

ב

מִי אֲנִי?
מִי אַתָּה?
מִי אַתְּ?
מִי מוֹרָה?

ג

אֲנִי דָּוִד.
אֲנִי אוֹרָה.
אֲנִי רוּת.
אֲנִי מֹשֶׁה.

ד

אַתָּה מֹשֶׁה.
אַתָּה דָּוִד.
אַתְּ אוֹרָה.
אַתְּ מוֹרָה.

ה

זֹאת כִּתָּה.
זֹאת מוֹרָה.
זֹאת אוֹרָה.
זֹאת רוּת.

ו

מוֹרָה בַּכִּתָּה.
יְלָדִים בַּכִּתָּה.
דָּוִד בַּכִּתָּה.
אוֹרָה בַּכִּתָּה.

ז

כֵּן, זֹאת מוֹרָה. כֵּן, זֹאת כִּתָּה.
כֵּן, זֹאת רוּת. כֵּן, זֹאת אוֹרָה.

ח

לֹא, זֹאת לֹא מוֹרָה. לֹא, זֹאת לֹא כִּתָּה.
לֹא, זֹאת לֹא אוֹרָה. לֹא, זֹאת לֹא רוּת.

מִי בַּכִּתָּה? *Who's in the class?*

א

שָׁלוֹם. אֲנִי מוֹרָה. זֹאת כִּתָּה. יְלָדִים בַּכִּתָּה.
מִי יְלָדִים?
— דָּוִד, אוֹרָה, מֹשֶׁה, רוּת — יְלָדִים.
מִי בַּכִּתָּה?
— דָּוִד, אוֹרָה, מֹשֶׁה, רוּת — בַּכִּתָּה.

ב

רוּת, אַתְּ בַּכִּתָּה?
— כֵּן, מוֹרָה, אֲנִי בַּכִּתָּה.
מֹשֶׁה, אַתָּה בַּכִּתָּה?
— כֵּן, אֲנִי בַּכִּתָּה.
דָּוִד, מִי לֹא בַּכִּתָּה?
— אוֹרָה לֹא בַּכִּתָּה.

תַּרְגִילֵי לָשׁוֹן *Language Drills*

א

*Check (**V**) the Hebrew sentence which best describes the illustration to the left.*

(✓) אַתְּ רוּת.

(   ) אַתָּה דָּוִד.

(   ) אַתְּ מוֹרָה.

(   ) אֲנִי לֹא דָּוִד.

(   ) אֲנִי בַּכִּתָּה.

(✓) כֵּן, אֲנִי מֹשֶׁה.

(   ) זֹאת מוֹרָה.

(✓) זֹאת כִּתָּה.

(   ) זֹאת רוּת.

(   ) מִי אַתְּ?

(✓) מִי אַתָּה?

(   ) מִי זֹאת?

ב

מֶה חָסֵר?   *What's Missing?*

(כָּתְבָה אַתְּ)	?_____ מִי אַתְ 1	
(אַתְּ יְלָדִים)	_____ מוֹרָה? אַתְּ 2	
(אוֹרָה דָּוִד)	אַתָּה _____? דָּוִד 3	
(לֹא כֵּן)	רוּת _____ מוֹרָה. לֹא 4	
(אַתָּה אַתְּ)	_____ לֹא רוּת. אַתְּ מִי 5	
(אַתָּה מִי)	_____ לֹא מוֹרָה? מִי 6	
(מֹשֶׁה אוֹרָה)	זֹאת _____. אוֹרָה 7	
(אֲנִי כִּתָּה)	_____בַּכִּתָּה. אֲנִי 8	
(זֹאת אַתָּה)	_____ אוֹרָה. זֹאת 9	
(לֹא בַּכִּתָּה)	יְלָדִים _____. בַּכִּתָּה 10	

this

ג

אֱמֹר בְּעִבְרִית   *Say it in Hebrew*

1 (Are) you David?
2 (Are) you Ruth?
3 (Are) you a teacher?
4 Who (is) a teacher?
5 Yes, this (is) a teacher.
6 Who (is) not a teacher?
7 Who (is) not in the classroom?
8 I (am) not a teacher.
9 You (are) not Ruth.
10 Children (are) in the classroom.

שִׁעוּר שְׁלִישִׁי

Lesson Three

א

מוֹרָה: מִי זֶה?

דָוִד: זֶה יוֹסֵף.

מוֹרָה: יוֹסֵף תַּלְמִיד.

דָוִד: מוֹרָה, גַּם אֲנִי תַּלְמִיד.

מוֹרָה: כֵּן, דָוִד, גַּם אַתָּה תַּלְמִיד.

דָוִד: מֹשֶׁה וְיוֹסֵף יְלָדִים. גַּם אֲנִי וְיוֹסֵף יְלָדִים.
גַּם אֲנִי וְיוֹסֵף תַּלְמִידִים.

מוֹרָה: כֵּן, דָוִד, גַּם אַתָּה וְיוֹסֵף יְלָדִים.
גַּם אַתָּה וְיוֹסֵף תַּלְמִידִים.

ב

מוֹרָה: מִי זֹאת?

אוֹרָה: זֹאת לֵאָה.

מוֹרָה: לֵאָה תַּלְמִידָה.

אוֹרָה: מוֹרָה, גַּם אֲנִי תַּלְמִידָה.

מוֹרָה: כֵּן, אוֹרָה, גַּם אַתְּ תַּלְמִידָה.

אוֹרָה: רוּת וְלֵאָה תַּלְמִידוֹת.

מוֹרָה: כֵּן. בַּכִּתָּה תַּלְמִידִים וְתַלְמִידוֹת.

ג

מוֹרָה: מִי תַּלְמִיד וּמִי תַּלְמִידָה?

יוֹסֵף: מֹשֶׁה תַּלְמִיד וְלֵאָה תַּלְמִידָה.
מֹשֶׁה וְלֵאָה תַּלְמִידִים.

מוֹרָה: מִי תַּלְמִידִים וּמִי תַּלְמִידוֹת?

יוֹסֵף: מֹשֶׁה וְדָוִד תַּלְמִידִים.
לֵאָה וְאוֹרָה תַּלְמִידוֹת.

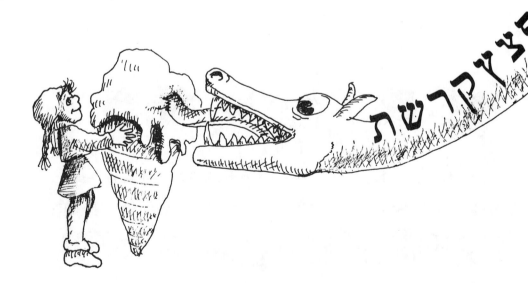

מִי תַּלְמִיד? *Who is a student?*

זֶה דָּוִד. דָּוִד תַּלְמִיד.
זֶה יוֹסֵף. גַּם יוֹסֵף תַּלְמִיד.
יוֹסֵף וְדָוִד תַּלְמִידִים. יוֹסֵף וְדָוִד בַּכִּתָּה.

זֹאת לֵאָה. לֵאָה תַּלְמִידָה.
זֹאת רוּת. גַּם רוּת תַּלְמִידָה.
רוּת וְלֵאָה תַּלְמִידוֹת. רוּת וְלֵאָה בַּכִּתָּה.

בַּכִּתָּה תַּלְמִידִים. בַּכִּתָּה תַּלְמִידוֹת.
בַּכִּתָּה תַּלְמִידִים וְתַלְמִידוֹת.
מִי תַּלְמִידִים?
— דָּוִד וְיוֹסֵף תַּלְמִידִים.
מִי תַּלְמִידוֹת?
— לֵאָה וְרוּת תַּלְמִידוֹת.
זֶה דָּוִד וְזֹאת לֵאָה. דָּוִד וְלֵאָה תַּלְמִידִים.

תַּרְגִּילֵי לָשׁוֹן Language Drills

א

*Check (**V**) the Hebrew sentence which best describes the illustration to the left.*

( ) זֶה תַּלְמִיד.

( ) זֹאת תַּלְמִידָה.

( ) מִי זֹאת?

( ) שָׁלוֹם יְלָדִים.

( ) אַתְּ תַּלְמִידָה.

( ) בַּכִּתָּה תַּלְמִידִים.

( ) אַתְּ לֹא תַּלְמִידָה.

( ) אַתָּה תַּלְמִיד?

( ) כֵּן, אַתְּ מוֹרָה.

( ) זֹאת אוֹרָה.

( ) זֶה מֹשֶׁה.

( ) גַּם רוּת תַּלְמִידָה.

ב

Complete each sentence with the word זֶה *or* זֹאת

1 ______ דָוִד.

2 ______ לֵאָה.

3 ______ רוּת.

4 ______ מֹשֶה.

5 ______ אוֹרָה.

6 ______ כִּתָּה.

7 ______ מוֹרָה.

8 ______ תַּלְמִיד.

9 ______ תַּלְמִידָה.

10 ______ אַתָּה.

ג

מָה חָסֵר? *What's Missing?*

1 רוּת______ תַּלְמִידוֹת. (וְדָוִד וְלֵאָה)

2 מֹשֶה וְדָוִד______. (תַּלְמִידִים תַּלְמִידוֹת)

3 ______ אֲנִי תַּלְמִידָה. (מִי גַם)

4 שָׁלוֹם, תַּלְמִידִים______. (וְתַלְמִידִים וְתַלְמִידוֹת)

5 ______ מוֹרָה. (זֶה זֹאת)

6 מִי______? (גַם אַתְּ)

7 גַם אֲנִי______אַתָּה תַּלְמִידִים. (וְלֹא וְגַם)

8 מִי אַתָּה וּמִי______? (כֵּן אֲנִי)

9 זֶה וְלֹא______. (זֹאת לֹא)

ד

Read each Hebrew sentence. Circle the word כֵּן *if the statement is true, or the word* לֹא *if false.*

1 דָּוִד תַּלְמִיד.	כֵּן	לֹא
2 לֵאָה תַּלְמִידָה.	כֵּן	לֹא
3 רוּת תַּלְמִידָה.	כֵּן	לֹא
4 רוּת מוֹרָה.	כֵּן	לֹא
5 דָּוִד וְיוֹסֵף תַּלְמִידִים.	כֵּן	לֹא
6 לֵאָה וְיוֹסֵף תַּלְמִידוֹת.	כֵּן	לֹא
7 לֵאָה וְרוּת תַּלְמִידוֹת.	כֵּן	לֹא
8 גַּם רוּת תַּלְמִידָה.	כֵּן	לֹא

ה

אֱמֹר בְּעִבְרִית *Say it in Hebrew*

1 David (is) a student.
2 Joseph (is) also a student.
3 David and Joseph (are) students.
4 Ruth (is) a student.
5 Ruth and Leah (are) students.
6 Ruth, you (are) a student.
7 I (am) also a student.
8 Joseph, you (are) a student.
9 This (is) a student.
10 This (is) not a student.

שִׁעוּר רְבִיעִי

Ψ Ψ Ψ Ψ Ψ Ψ Ψ Ψ Ψ Ψ Ψ Ψ Ψ Ψ Ψ Ψ Ψ Ψ Ψ Ψ Ψ Ψ Ψ Ψ Ψ Ψ Ψ Ψ Ψ

Lesson Four

א

מוֹרָה: דָּוִד, מַה זֶּה?

דָּוִד: זֶה שֻׁלְחָן.

מוֹרָה: אֵיפֹה הַשֻּׁלְחָן?

דָּוִד: הַשֻּׁלְחָן בַּכִּתָּה.

מוֹרָה: דָּוִד, מַה זֶּה?

דָּוִד: זֶה סֵפֶר.

מוֹרָה: הַסֵּפֶר עַל הַשֻּׁלְחָן?

דָּוִד: כֵּן, מוֹרָה, הַסֵּפֶר עַל הַשֻּׁלְחָן.

ב

מוֹרָה: אוֹרָה, מַה זֶה?

אוֹרָה: זֶה עִפָּרוֹן.

מוֹרָה: אֵיפֹה הָעִפָּרוֹן?

אוֹרָה: הָעִפָּרוֹן עַל הַסֵּפֶר.

מוֹרָה: וְאֵיפֹה הַסֵּפֶר?

אוֹרָה: הַסֵּפֶר עַל הַשֻּׁלְחָן.

מוֹרָה: וְאֵיפֹה הַשֻּׁלְחָן?

אוֹרָה: הַשֻּׁלְחָן בַּכִּתָּה.

ג

לֵאָה: הַסֵּפֶר עַל הַשֻּׁלְחָן?

רוּת: כֵּן, לֵאָה, הַסֵּפֶר עַל הַשֻּׁלְחָן.

לֵאָה: הָעִפָּרוֹן עַל הַשֻּׁלְחָן?

רוּת: לֹא, הָעִפָּרוֹן לֹא עַל הַשֻּׁלְחָן.
הָעִפָּרוֹן עַל הַסֵּפֶר.

לֵאָה: הַשֻּׁלְחָן עַל הַכִּתָּה?

רוּת: חַ, חַ, חַ! לֹא. הַשֻּׁלְחָן לֹא עַל הַכִּתָּה.
הַשֻּׁלְחָן בַּכִּתָּה.

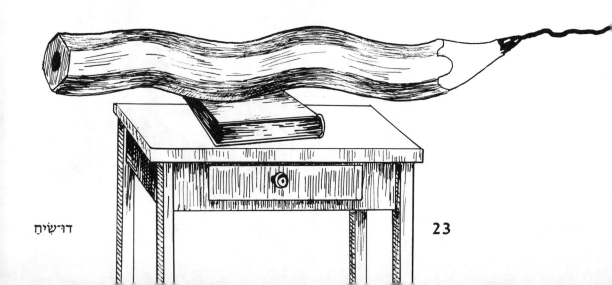

דִּגְמֵי מִשְׁפָּט *Sentence Patterns*

א

הַתַּלְמִיד לֹא עַל הַשֻּׁלְחָן.
הַשֻּׁלְחָן לֹא עַל הַסֵּפֶר.
הַסֵּפֶר לֹא עַל הָעִפָּרוֹן.
הַמּוֹרָה לֹא עַל הַשֻּׁלְחָן.
אוֹרָה לֹא עַל הַסֵּפֶר.

ב

זֶה שֻׁלְחָן וְלֹא עִפָּרוֹן.
זֶה סֵפֶר וְלֹא שֻׁלְחָן.
זֶה עִפָּרוֹן וְלֹא סֵפֶר.
זֶה תַּלְמִיד וְלֹא מוֹרֶה.
זֶה דָּוִד וְלֹא יוֹסֵף.

ג

זֶה תַּלְמִיד וְזֹאת מוֹרָה.
זֶה דָּוִד וְזֹאת אוֹרָה.
זֶה תַּלְמִיד וְזֹאת תַּלְמִידָה.
זֶה יוֹסֵף וְזֹאת רוּת.
זֶה אַתָּה וְזֹאת אַתְּ.

ד

זֹאת כִּתָּה וְלֹא סֵפֶר.
זֹאת מוֹרָה וְלֹא תַּלְמִידָה.
זֹאת אוֹרָה וְלֹא רוּת.
זֹאת רוּת וְלֹא לֵאָה.
זֹאת תַּלְמִידָה
וְלֹא תַּלְמִיד.

תַּרְגִּילֵי לָשׁוֹן Language Drills

א

*Check (**V**) the Hebrew sentence which best describes the illustration to the left.*

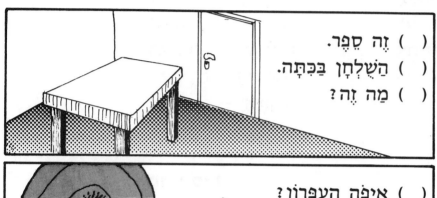

( ) זֶה סֵפֶר.

( ) הַשֻּׁלְחָן בַּכִּתָּה.

( ) מַה זֶּה?

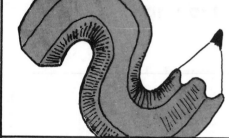

( ) אֵיפֹה הָעִפָּרוֹן?

( ) עִפָּרוֹן וְסֵפֶר.

( ) מוֹרָה וְסֵפֶר.

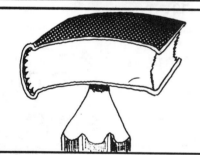

( ) הַסֵּפֶר עַל הָעִפָּרוֹן.

( ) הָעִפָּרוֹן עַל הַסֵּפֶר.

( ) הָעִפָּרוֹן עַל הַשֻּׁלְחָן.

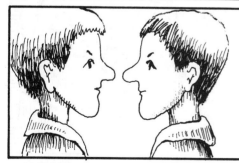

( ) זֶה אַתָּה וְלֹא אֲנִי.

( ) זֶה סֵפֶר וְלֹא עִפָּרוֹן.

( ) זֶה שֻׁלְחָן וְלֹא סֵפֶר.

ב

הַ הָ The

סֵפֶר — הַסֵּפֶר
שֻׁלְחָן — הַשֻּׁלְחָן
מוֹרָה — הַמּוֹרָה
תַּלְמִיד — הַתַּלְמִיד
תַּלְמִידָה — הַתַּלְמִידָה
עִפָּרוֹן — הָעִפָּרוֹן

ג

הֲפָכִים Opposites

מוֹרָה — תַּלְמִיד
תַּלְמִיד — תַּלְמִידָה
לֹא — כֵּן
אַתָּה — אַתְּ
זֶה — זֹאת

ד

מַה חָסֵר? What's Missing?

1	______ הַמּוֹרָה?	(אֵיפֹה עַל)
2	מַה______?	(זֶה כֵּן)
3	רוּת______ לֵאָה תַּלְמִידוֹת.	(הַ וְ)
4	הַסֵּפֶר______ הַשֻּׁלְחָן.	(עַל מַה)
5	הַמּוֹרָה______ תַּלְמִידָה.	(זֹאת לֹא)
6	דָּוִד וְ______ יוֹסֵף תַּלְמִידִים.	(גַם אֵיפֹה)
7	זֶה______ סֵפֶר.	(הַ דָּוִד)
8	______ עִפָּרוֹן לֹא בַּסֵּפֶר.	(לֹא הָ)
9	______ דָּוִד וּמִי לֵאָה?	(עַל מִי)
10	הַיְלָדִים______ כִּתָּה.	(בַּ הַ)

אֱמֹר בְּעִבְרִית *Say it in Hebrew*

Using בַּ *(in the)*

1 Who (is) in the classroom?
2 A student (is) in the classroom.
3 A table (is) in the classroom.
4 What (is there) in the book?

Using וְ *(and)*

1 A book and a pencil.
2 A teacher and a student.
3 A class and students.
4 Ruth and David.
5 Leah and Joseph.

Using הַ *(the)*

1 The teacher and the student.
2 The table and the book.
3 The student and the pencil.
4 The teacher and the book.
5 The book and the pencil.
6 Where (is) the teacher?
7 Where (is) the table?
8 Where (is) the book?

שִׁעוּר חֲמִישִׁי

Lesson Five

א

דָוִד: אֲנִי לוֹמֵד בַּכִּתָּה.

לֵאָה: מָה אַתָּה לוֹמֵד בַּכִּתָּה?

דָוִד: אֲנִי לוֹמֵד עִבְרִית.

לֵאָה: גַּם אֲנִי לוֹמֶדֶת בַּכִּתָּה.
גַּם אֲנִי לוֹמֶדֶת עִבְרִית.

דָוִד: גַּם יוֹסֵף לוֹמֵד עִבְרִית,
וְגַם רוּת לוֹמֶדֶת עִבְרִית.

לֵאָה: כָּל תַּלְמִיד בַּכִּתָּה לוֹמֵד עִבְרִית.
כָּל תַּלְמִידָה בַּכִּתָּה לוֹמֶדֶת עִבְרִית.

ב

דָוִד: לֵאָה, מִי זֶה?

לֵאָה: זֶה יֶלֶד. זֶה אוּרִי.

דָוִד: וּמִי זֹאת?

לֵאָה: זֹאת יַלְדָּה. זֹאת דִינָה.

דָוִד: אוּרִי לוֹמֵד בַּכִּתָּה? אוּרִי לוֹמֵד עִבְרִית?

לֵאָה: לֹא. אוּרִי לֹא בַּכִּתָּה. אוּרִי לֹא לוֹמֵד עִבְרִית.

דָוִד: וְהַיַּלְדָּה אוֹרָה לוֹמֶדֶת עִבְרִית?

לֵאָה: כֵּן, אוֹרָה לוֹמֶדֶת עִבְרִית.

דָוִד: לֹא כָּל יֶלֶד בַּכִּתָּה. לֹא כָּל יֶלֶד תַּלְמִיד.

לֵאָה: וְלֹא כָּל יֶלֶד לוֹמֵד עִבְרִית.

דָוִד: לֹא כָּל יַלְדָּה תַּלְמִידָה, וְלֹא כָּל יַלְדָּה לוֹמֶדֶת עִבְרִית.

דְגָמֵי מִשְׁפָּט *Sentence Patterns*

ב	א
אֲנִי לוֹמֵד עִבְרִית.	אֲנִי לוֹמֶדֶת עִבְרִית.
אַתָּה לוֹמֵד עִבְרִית.	אַתְּ לוֹמֶדֶת עִבְרִית.
מֹשֶׁה לוֹמֵד עִבְרִית.	דִינָה לוֹמֶדֶת עִבְרִית.
יֶלֶד לוֹמֵד עִבְרִית.	יַלְדָה לוֹמֶדֶת עִבְרִית.
כָּל יֶלֶד לוֹמֵד עִבְרִית.	כָּל יַלְדָה לוֹמֶדֶת עִבְרִית.
כָּל תַּלְמִיד לוֹמֵד עִבְרִית.	כָּל תַּלְמִידָה לוֹמֶדֶת עִבְרִית.

ג

דָוִד יֶלֶד. דָוִד תַּלְמִיד. יוֹסֵף יֶלֶד. יוֹסֵף תַּלְמִיד.
מֹשֶׁה יֶלֶד. מֹשֶׁה תַּלְמִיד.
לֵאָה יַלְדָה. לֵאָה תַּלְמִידָה. דִינָה יַלְדָה. דִינָה תַּלְמִידָה.

מִי לוֹמֵד עִבְרִית? *Who learns Hebrew?*

הַיְלָדִים בַּכִּתָּה. כָּל הַיְלָדִים תַּלְמִידִים.
כָּל יֶלֶד לוֹמֵד עִבְרִית. כָּל יַלְדָה לוֹמֶדֶת עִבְרִית.
אוּרִי לֹא לוֹמֵד עִבְרִית. אוּרִי לֹא תַּלְמִיד בַּכִּתָּה.
אוֹרָה בַּכִּתָּה. אוֹרָה לוֹמֶדֶת עִבְרִית.

תַּרְגִּילֵי לָשׁוֹן Language Drills

א

Check (V) the Hebrew word or sentence which best describes the illustration to the left.

( ) אַתְּ יַלְדָּה.
( ) אַתָּה יֶלֶד.
( ) כָּל יֶלֶד בַּכִּתָּה.

( ) זֹאת יַלְדָּה.
( ) דָּוִד לוֹמֵד.
( ) הַיַּלְדָּה בַּכִּתָּה.

( ) יְלָדִים בַּכִּתָּה.
( ) יַלְדָּה לוֹמֶדֶת.
( ) יֶלֶד לוֹמֵד.

( ) אֵיפֹה אַתְּ לוֹמֶדֶת?
( ) הַיַּלְדָּה לוֹמֶדֶת בַּכִּתָּה.
( ) מִי זֶה? זֶה יֶלֶד.

ב

מַהִי הַתְּשׁוּבָה? *What's the Answer?*

מִי לוֹמֵד עִבְרִית? (רוּת דִינָה מֹשֶׁה)
מִי לוֹמֶדֶת עִבְרִית? (לֵאָה יוֹסֵף דָוִד)
מִי יֶלֶד? (יוֹסֵף לֵאָה רוּת)
מִי יַלְדָה? (אוֹרָה מֹשֶׁה יוֹסֵף)
מַה יוֹסֵף? (תַּלְמִידָה יֶלֶד סֵפֶר)
מַה לֵאָה? (יַלְדָה מוֹרָה יְלָדִים)

ג

Complete each sentence with the word לוֹמֵד *or* לוֹמֶדֶת.

1 רוּת______ עִבְרִית.
2 דָוִד______ בַּכִּתָּה.
3 הַתַּלְמִיד______ עִבְרִית.
4 הַתַּלְמִידָה______ בַּכִּתָּה.
5 כָּל יֶלֶד______ בַּכִּתָּה.
6 אֵיפֹה______ הַיַּלְדָה?
7 גַּם דִינָה______ עִבְרִית.
8 מַה______ רוּת בַּכִּתָּה?
9 מַה______ מֹשֶׁה בַּכִּתָּה?
10 אֵיפֹה______ הַתַּלְמִידָה?

ד

Circle the Hebrew word which has the same meaning as the English on the right.

1 (He is) studying — תַּלְמִיד אֵיפֹה לוֹמֵד לוֹמֶדֶת

2 (She is) studying — אַתְּ לוֹמֶדֶת זֹאת לוֹמֵד

3 Hebrew — עִבְרִית עִפָּרוֹן סֵפֶר שָׁלוֹם

4 Boy — יַלְדָּה אַתָּה יֶלֶד אֲנִי

5 Girl — מוֹרָה שֻׁלְחָן תַּלְמִידָה יַלְדָּה

6 Student (boy) — תַּלְמִיד כָּל תַּלְמִידִים יֶלֶד

7 Student (girl) — יַלְדָּה עִבְרִית לוֹמֶדֶת תַּלְמִידָה

8 Every — זֶה כָּל עַל לֹא

ה

אֱמֹר בְּעִבְרִית *Say it in Hebrew*

1 David and Leah (are) in the classroom.
2 David (is) a student.
3 David studies Hebrew.
4 Leah (is) also in the classroom.
5 Leah also studies.
6 Leah also studies Hebrew.
7 Uri (is) not in the classroom.
8 Uri (is) not a student.
9 Uri (does) not study Hebrew.
10 Who studies Hebrew?
11 Where (does) the boy study?
12 Yes, Ruth studies in the classroom.
13 No, Uri (does) not study Hebrew.
14 What (is) David studying?
15 (Is) the girl studying?

שִׁעוּר שִׁשִּׁי

Lesson Six

א

דָּוִד: מוֹרָה, מִי הַיֶּלֶד הַזֶּה?

מוֹרָה: זֶה אַבְרָהָם. גַּם הוּא רוֹצֶה לִלְמֹד בַּכִּתָּה.

דָּוִד: הוּא רוֹצֶה לִלְמֹד עִבְרִית?

מוֹרָה: כֵּן. הוּא רוֹצֶה לִקְרֹא עִבְרִית. הוּא רוֹצֶה סֵפֶר.

דָּוִד: הוּא גַּם רוֹצֶה לִכְתֹּב עִבְרִית.

הוּא רוֹצֶה מַחְבֶּרֶת וְעִפָּרוֹן.

מוֹרָה: כֵּן. הוּא רוֹצֶה לִקְרֹא וְלִכְתֹּב עִבְרִית.

דָּוִד: כָּל תַּלְמִיד בַּכִּתָּה רוֹצֶה לִקְרֹא וְלִכְתֹּב עִבְרִית.

ב

אוֹרָה: מִי הַיַּלְדָּה הַזֹּאת?

מוֹרָה: זֹאת שָׂרָה. גַּם הִיא רוֹצָה לִלְמֹד בַּכִּתָּה.

אוֹרָה: הִיא רוֹצָה לִלְמֹד עִבְרִית?

מוֹרָה: כֵּן, הִיא רוֹצָה לִקְרֹא וְלִכְתֹּב עִבְרִית.

אוֹרָה: הִיא רוֹצָה סֵפֶר, מַחְבֶּרֶת וְעִפָּרוֹן.

מוֹרָה: כָּל תַּלְמִידָה בַּכִּתָּה רוֹצָה לִקְרֹא וְלִכְתֹּב עִבְרִית.

דִּגְמֵי מִשְׁפָּט *Sentence Patterns*

א

מִי הַיֶּלֶד הַזֶּה?	מַה הוּא רוֹצֶה לִלְמֹד?
אֵיפֹה הַיֶּלֶד הַזֶּה?	מַה הוּא רוֹצֶה לִקְרֹא?
מַה רוֹצֶה הַיֶּלֶד הַזֶּה?	מַה הוּא רוֹצֶה לִכְתֹּב?
אַתָּה אַבְרָהָם?	מַה רוֹצֶה כָּל תַּלְמִיד?
מָה אַתָּה רוֹצֶה, אַבְרָהָם?	אֵיפֹה הַמַּחְבֶּרֶת וְהָעִפָּרוֹן?

ב

מִי הַיַּלְדָּה הַזֹּאת?	מַה הִיא רוֹצָה לִלְמֹד?
אֵיפֹה הַיַּלְדָּה הַזֹּאת?	מַה הִיא רוֹצָה לִקְרֹא?
מַה רוֹצָה הַיַּלְדָּה הַזֹּאת?	מַה הִיא רוֹצָה לִכְתֹּב?
אַתְּ שָׂרָה?	מַה רוֹצָה כָּל תַּלְמִידָה?
מָה אַתְּ רוֹצָה, שָׂרָה?	אֵיפֹה לוֹמֶדֶת שָׂרָה?

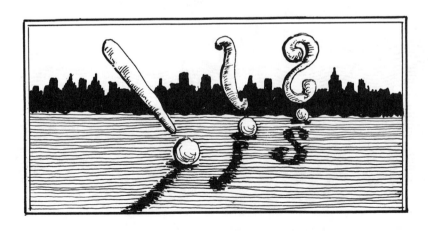

ג

הוּא יֶלֶד וְהִיא יַלְדָּה. הַיַּלְדָּה לֹא מוֹרָה.
אַבְרָהָם רוֹצֶה לִקְרֹא וּמֹשֶׁה רוֹצֶה לִכְתֹּב.
כָּל תַּלְמִיד רוֹצֶה לִלְמֹד וְכָל תַּלְמִידָה רוֹצָה לִלְמֹד.
הַמַּחְבֶּרֶת עַל הַשֻּׁלְחָן. הַתַּלְמִיד הַזֶּה רוֹצֶה לִכְתֹּב.
שָׂרָה תַּלְמִידָה. הִיא רוֹצָה לִקְרֹא בַּסֵּפֶר.

מַה הוּא רוֹצֶה?   *What does he want?*

הַיֶּלֶד הַזֶּה אַבְרָהָם. הוּא בַּכִּתָּה.
הוּא רוֹצֶה לִלְמֹד עִבְרִית.
הוּא רוֹצֶה לִקְרֹא וְלִכְתֹּב עִבְרִית.
הוּא רוֹצֶה סֵפֶר, מַחְבֶּרֶת וְעִפָּרוֹן.

מַה הִיא רוֹצָה?   *What does she want?*

הַיַּלְדָּה הַזֹּאת שָׂרָה. הִיא בַּכִּתָּה.
גַּם הִיא רוֹצָה לִלְמֹד עִבְרִית.
גַּם הִיא רוֹצָה לִקְרֹא וְלִכְתֹּב עִבְרִית.
הִיא רוֹצָה סֵפֶר, מַחְבֶּרֶת וְעִפָּרוֹן.

תַּרְגִּילֵי לָשׁוֹן Language Drills

א

Check (✓) the Hebrew sentence which best describes the illustration to the left.

( ) הוּא רוֹצֶה לִכְתֹּב.

( ) הוּא רוֹצֶה מַחְבֶּרֶת.

( ) הוּא רוֹצֶה לִקְרֹא.

( ) מַחְבֶּרֶת עַל הַשֻּׁלְחָן.

( ) הִיא רוֹצָה לִכְתֹּב.

( ) הוּא רוֹצֶה לִלְמֹד.

( ) הוּא רוֹצֶה לִקְרֹא.

( ) יַלְדָּה רוֹצָה לִכְתֹּב.

( ) הִיא רוֹצָה לִלְמֹד.

( ) הַתַּלְמִיד רוֹצֶה לִכְתֹּב.

( ) הוּא רוֹצֶה לִקְרֹא.

( ) הוּא לֹא רוֹצֶה לִלְמֹד.

ב

Which of the two words to the left is the correct answer to each question on the right? Circle the answer.

1 מַה רוֹצֶה אַבְרָהָם? (לִקְרֹא הוּא)

2 אֵיפֹה כָּל תַּלְמִיד? (עִבְרִית בַּכִּתָּה)

3 מִי לוֹמֶדֶת עִבְרִית? (דָּוִד רוּת)

4 אֵיפֹה הוּא רוֹצֶה לִכְתֹּב? (בַּשֻּׁלְחָן בַּמַּחְבֶּרֶת)

5 מִי דָּוִד וְיוֹסֵף? (תַּלְמִידִים תַּלְמִידוֹת)

6 מָה עַל הַמַּחְבֶּרֶת? (עִפָּרוֹן זֹאת)

7 מִי אֲנִי? (כִּתָּה יַלְדָּה)

8 מָה רוֹצָה שָׂרָה? (לִקְרֹא תַּלְמִידָה)

9 מִי רוֹצֶה לִלְמֹד? (יוֹסֵף אוֹרָה)

10 מִי הַתַּלְמִיד הַזֶּה? (מֹשֶׁה מוֹרָה)

ג

Which is the missing word in each sentence? מִי *or* מַה?

1 ______ הַמּוֹרָה?

2 ______ זֶה? זֶה שֻׁלְחָן.

3 ______ אַתָּה רוֹצֶה?

4 ______ הוּא? הוּא אַבְרָהָם.

5 ______ הִיא? הִיא שָׂרָה.

6 ______ לוֹמֵד עִבְרִית?

7 ______ אַתְּ לוֹמֶדֶת?

8 ______ אַתָּה רוֹצֶה לִקְרֹא?

9 ______ רוֹצָה לִקְרֹא בַּסֵּפֶר?

10 ______ עַל הַשֻּׁלְחָן? סֵפֶר.

ד

מָה חָסֵר? *What's Missing?*

1 הוּא ______ לִקְרֹא בַּסֵּפֶר. (רוֹצֶה לוֹמֵד)

2 הוּא רוֹצֶה לִכְתֹּב בַּ______. (סֵפֶר מַחְבֶּרֶת)

3 אַבְרָהָם רוֹצֶה______. (עִבְרִית עִפָּרוֹן)

4 זֹאת שָׂרָה.______ יַלְדָּה. (הוּא הִיא)

5 ______ הַמַּחְבֶּרֶת? (אֵיפֹה כָּל)

6 כָּל תַּלְמִידָה______ לִלְמֹד. (לוֹמֶדֶת רוֹצָה)

7 הִיא רוֹצָה______ בְּעִפָּרוֹן. (לִכְתֹּב לִלְמֹד)

8 אֵיפֹה______ רוֹצָה לִכְתֹּב? (אַתְּ אַתָּה)

9 הַתַּלְמִידָה הַ______ בַּכִּתָּה. (זֶה זֹאת)

10 ______ רוֹצֶה לִקְרֹא. (הִיא אַתָּה)

11 הַמַּחְבֶּרֶת______ הַשֻּׁלְחָן. (מַה עַל)

12 הַמַּחְבֶּרֶת הַזֹּאת עַל______סֵפֶר. (בַּ הַ)

13 הוּא רוֹצֶה לִקְרֹא______לִכְתֹּב. (הָ וְ)

14 מִי הַ______ הַזֹּאת? (תַּלְמִידָה יֶלֶד)

15 ______ תַּלְמִיד רוֹצֶה לִקְרֹא. (כָּל מִי)

אֱמֹר בְּעִבְרִית   *Say it in Hebrew*

1 Who (is) this boy?
2 Who (is) this girl?
3 Who (is) this student?
4 Who (is) this teacher?

5 Where (is) this table?
6 Where (is) this pencil?
7 Where (is) this notebook?
8 Where (is) this book?

9 Ruth, what (do) you want?
10 David, what (do) you want?
11 What (does) she want?
12 What (does) he want?

13 David, (do) you want to study?
14 Sarah, (do) you want to write?
15 Ora, (do) you want to read?
16 Joseph, (do) you want a pencil?

שִׁעוּר שְׁבִיעִי

‚ÄΣΨΨΨΨΨΨΨΨΨΨΨΨΨΨΨΨΨΨΨΨΨΨΨΨΨΨΨ

Lesson Seven

א

מוֹרָה: דָּוִד, יֵשׁ לְךָ מַחְבֶּרֶת?

דָּוִד: כֵּן, מוֹרָה, יֵשׁ לִי מַחְבֶּרֶת.

מוֹרָה: מָה עוֹד יֵשׁ לְךָ?

דָּוִד: יֵשׁ לִי גַּם עִפָּרוֹן.

מוֹרָה: מָה עוֹד אַתָּה רוֹצֶה?

דָּוִד: אֲנִי רוֹצֶה גַּם סֵפֶר.

מוֹרָה: אֵין לְךָ סֵפֶר?

דָּוִד: לֹא. אֵין לִי סֵפֶר.

מוֹרָה: הִנֵּה סֵפֶר!

דָּוִד: תּוֹדָה, מוֹרָה.

מוֹרָה: בְּבַקָּשָׁה.

ב

מוֹרָה: אוֹרָה, יֵשׁ לָךְ עִפָּרוֹן?

אוֹרָה: כֵּן, מוֹרָה, יֵשׁ לִי עִפָּרוֹן.

מוֹרָה: מָה עוֹד יֵשׁ לָךְ?

אוֹרָה: יֵשׁ לִי גַּם סֵפֶר.

מוֹרָה: מָה עוֹד אַתְּ רוֹצָה?

אוֹרָה: אֲנִי רוֹצָה גַּם מַחְבֶּרֶת.

מוֹרָה: אֵין לָךְ מַחְבֶּרֶת?

אוֹרָה: לֹא. אֵין לִי מַחְבֶּרֶת.

מוֹרָה: הִנֵּה מַחְבֶּרֶת.

אוֹרָה: תּוֹדָה, מוֹרָה.

מוֹרָה: בְּבַקָּשָׁה.

דִּגְמֵי מִשְׁפָּט — Sentence Patterns

א

יֵשׁ לִי סֵפֶר וְאֵין לִי מַחְבֶּרֶת.
יֵשׁ לְךָ מַחְבֶּרֶת וְאֵין לְךָ עִפָּרוֹן.
יֵשׁ לָךְ עִפָּרוֹן וְאֵין לָךְ מַחְבֶּרֶת.
הִנֵּה סֵפֶר, הִנֵּה מַחְבֶּרֶת, וְהִנֵּה עִפָּרוֹן.
תּוֹדָה, מוֹרָה — תּוֹדָה יְלָדִים! תּוֹדָה תַּלְמִידִים וְתַלְמִידוֹת!
בְּבַקָּשָׁה, יְלָדִים. בְּבַקָּשָׁה, תַּלְמִידִים וְתַלְמִידוֹת.

ב

הִנֵּה הַסֵּפֶר, בְּבַקָּשָׁה לִקְרֹא!
הִנֵּה הַמַּחְבֶּרֶת, בְּבַקָּשָׁה לִכְתֹּב!
הִנֵּה הָעִפָּרוֹן, בְּבַקָּשָׁה לִכְתֹּב!
הִנֵּה הַסֵּפֶר, בְּבַקָּשָׁה לִלְמֹד!
הִנֵּה הַתַּלְמִיד, בְּבַקָּשָׁה לִקְרֹא וְלִכְתֹּב!

ג

הִנֵּה מַחְבֶּרֶת וְעוֹד מַחְבֶּרֶת. תּוֹדָה.
בְּבַקָּשָׁה, הִנֵּה סֵפֶר וְעוֹד סֵפֶר. תּוֹדָה.
מָה עוֹד אֵין לְךָ? מָה עוֹד אֵין לָךְ?
מָה עוֹד יֵשׁ לְךָ? מָה עוֹד יֵשׁ לָךְ?

א

אֲנִי רוֹצֶה לִקְרֹא וְאֵין לִי סֵפֶר.
אַתָּה רוֹצֶה לִכְתֹּב וְאֵין לְךָ מַחְבֶּרֶת וְעִפָּרוֹן.
כָּל תַּלְמִיד רוֹצֶה לִלְמֹד וְיֵשׁ לוֹ סֵפֶר, מַחְבֶּרֶת וְעִפָּרוֹן.
בְּבַקָּשָׁה לִלְמֹד, לִקְרֹא וְלִכְתֹּב.
– תּוֹדָה, מוֹרָה!

ב

שָׂרָה, אַתְּ רוֹצָה לִלְמֹד וְאֵין לָךְ סֵפֶר, מַחְבֶּרֶת וְעִפָּרוֹן.
בְּבַקָּשָׁה שָׂרָה, הִנֵּה סֵפֶר לִקְרֹא, וְהִנֵּה עִפָּרוֹן לִכְתֹּב.
בְּבַקָּשָׁה לִלְמֹד עִבְרִית.
– תּוֹדָה, מוֹרָה!

ג

אוֹרָה, יֵשׁ לָךְ סֵפֶר וְאַתְּ לֹא רוֹצָה לִקְרֹא.
יֵשׁ לָךְ עִפָּרוֹן וְאַתְּ לֹא רוֹצָה לִכְתֹּב.
בְּבַקָּשָׁה לִכְתֹּב בַּמַּחְבֶּרֶת. בְּבַקָּשָׁה לִקְרֹא בַּסֵּפֶר.
אַתְּ רוֹצָה עוֹד עִפָּרוֹן וְעוֹד מַחְבֶּרֶת?
– לֹא. תּוֹדָה, מוֹרָה!

תַּרְגִּילֵי לָשׁוֹן Language Drills

א

Check (V) the Hebrew sentence which best describes the illustration to the left.

( ) אֵין לִי סֵפֶר.
( ) יֵשׁ לִי סֵפֶר.
( ) יֵשׁ לְךָ מַחְבֶּרֶת.

( ) בְּבַקָּשָׁה, הִנֵּה עִפָּרוֹן.
( ) תּוֹדָה, יֵשׁ לִי סֵפֶר.
( ) הִנֵּה עוֹד מַחְבֶּרֶת.

( ) תּוֹדָה, יֵשׁ לִי עִפָּרוֹן.
( ) בְּבַקָּשָׁה, מָה עוֹד יֵשׁ לָךְ?
( ) אֵין לִי עוֹד סֵפֶר.

( ) הִנֵּה, הוּא לוֹמֵד.
( ) אֲנִי רוֹצֶה עוֹד עִפָּרוֹן.
( ) אֵין אֲנִי רוֹצֶה לִלְמֹד.

ב

Read the answer to tell whether מִי or מָה is the missing word in each question.

	Question שְׁאֵלָה	Answer תְּשׁוּבָה
1	______ עוֹד?	גַּם אַתָּה
2	______ עוֹד?	גַּם מַחְבֶּרֶת
3	______ עוֹד?	גַּם אַתְּ
4	______ עוֹד?	גַּם אֲנִי
5	______ עוֹד?	גַּם הַמּוֹרָה
6	______ עוֹד?	גַּם הַשֻּׁלְחָן
7	______ עוֹד?	גַּם הִיא
8	______ עוֹד?	גַּם יוֹסֵף
9	______ עוֹד?	גַּם רוּת
10	______ עוֹד?	גַּם הוּא

ג

Complete each sentence with the words יֵשׁ לִי or אֵין לִי.

1 בַּכִּתָּה מוֹרָה. אֲנִי תַּלְמִיד וְ______ מוֹרָה.

2 ______ מַחְבֶּרֶת. אֵיפֹה הַמַּחְבֶּרֶת?

3 ______ סֵפֶר. הִנֵּה הַסֵּפֶר.

4 ______ עִפָּרוֹן, וְיֵשׁ לִי גַּם מַחְבֶּרֶת.

5 אֵיפֹה הַסֵּפֶר? אֲנִי רוֹצָה לִקְרֹא וְ______ סֵפֶר.

אֵין לִי — יֵשׁ לִי

ד

Which of the two words to the left goes best with each word in the right hand column?

1 מַחְבֶּרֶת (וְעִפָּרוֹן וְשָׁלוֹם)

2 לִקְרֹא (תּוֹדָה בַּסֵּפֶר)

3 לִכְתֹּב (בַּמַּחְבֶּרֶת בַּתַּלְמִיד)

4 לִלְמֹד (עִבְרִית לְךָ)

5 תּוֹדָה (בְּבַקָּשָׁה הִנֵּה)

6 הִנֵּה (כֵּן שֻׁלְחָן)

7 אֵין לִי (מוֹרָה הוּא)

8 יֵשׁ לְךָ (תַּלְמִידָה אֵין)

9 הִיא (לוֹמֶדֶת תַּלְמִיד)

10 מָה (עוֹד גַּם)

11 עוֹד (עַל מִי)

12 בְּבַקָּשָׁה (לִקְרֹא רוֹצֶה)

13 יֵשׁ לִי (לֹא סֵפֶר)

14 הוּא (תַּלְמִיד עִבְרִית)

15 לוֹמֵד (בַּכִּתָּה הִיא)

ה

מָה חָסֵר? *What's Missing?*

1 הִנֵּה מַחְבֶּרֶת, ______ לִכְתֹּב. (תּוֹדָה בְּבַקָּשָׁה)

2 הִנֵּה סֵפֶר. מִי ______ לִקְרֹא? (רוֹצֶה עוֹד)

3 אֲנִי רוֹצֶה לִכְתֹּב וְ______ עִפָּרוֹן. (יֵשׁ לִי כָּל)

4 הַתַּלְמִיד רוֹצֶה______. (יֶלֶד סֵפֶר)

5 בְּבַקָּשָׁה דָּוִד, ______ הַמַּחְבֶּרֶת! (הִנֵּה עוֹד)

6 אַתְּ בַּכִּתָּה וְאֵין______ סֵפֶר. (לְךָ לָךְ)

7 ______ מוֹרָה, יֵשׁ לִי סֵפֶר. (אֵין תּוֹדָה)

8 תַּלְמִידִים! בְּבַקָּשָׁה______. (לִלְמֹד עִבְרִית)

9 מָה______ אַתְּ רוֹצָה? (עוֹד כָּל)

10 ______לִי מַחְבֶּרֶת וְגַם עִפָּרוֹן. (כֵּן יֵשׁ)

ו

אֱמֹר בְּעִבְרִית *Say it in Hebrew*

1 I have a teacher.
2 David, (do) you have a pencil?
3 Please, Joseph, here (is) the book.
4 Thanks, Sarah.
5 Ruth, what else (do) you want?
6 You don't have children?
7 Dan, here (is) the notebook.
8 Please, who wants to study?
9 What else (do) you have?
10 I also have a table.

שִׁעוּר שְׁמִינִי

ΨΨΨΨΨΨΨΨΨΨΨΨΨΨΨΨΨΨΨΨΨΨΨΨΨΨΨΨΨΨΨΨ

Lesson Eight

א

מוֹרָה: הִנֵּה לוּחַ. דָּוִד, אַתָּה רוֹצֶה לִכְתֹּב עַל הַלּוּחַ?

דָּוִד: אֵין לִי גִּיר.

מוֹרָה: יֵשׁ לִי גִּיר. הִנֵּה הַגִּיר.

דָּוִד: תּוֹדָה, מוֹרָה. מַה לִכְתֹּב עַל הַלּוּחַ?

מוֹרָה: אַתָּה רוֹצֶה לִכְתֹּב "שָׁלוֹם"?

דָּוִד: כֵּן. אֲנִי יוֹדֵעַ לִכְתֹּב "שָׁלוֹם".

מוֹרָה: תַּלְמִידִים, מִי עוֹד יוֹדֵעַ לִכְתֹּב "שָׁלוֹם"?

דָּוִד: גַּם יוֹסֵף יוֹדֵעַ.

מוֹרָה: דָּוִד, אַתָּה תַּלְמִיד טוֹב וְגַם יוֹסֵף תַּלְמִיד טוֹב.

דָּוִד: תּוֹדָה. אַתְּ מוֹרָה טוֹבָה.

ב

רוּת: שָׂרָה, מָה אַתְּ רוֹצָה לִכְתֹּב עַל הַלּוּחַ?

שָׂרָה: אֲנִי לֹא רוֹצָה לִכְתֹּב. אֲנִי רוֹצָה לִקְרֹא.

רוּת: שָׂרָה, אֲנִי רוֹצָה לִכְתֹּב וְאֵין לִי גִּיר.
אֵיפֹה הַגִּיר?

שָׂרָה: יֵשׁ לִי גִּיר. הִנֵּה.

רוּת: תּוֹדָה, שָׂרָה.

שָׂרָה: בְּבַקָּשָׁה. מָה אַתְּ יוֹדַעַת לִכְתֹּב?

רוּת: אֲנִי יוֹדַעַת לִכְתֹּב "תַּלְמִידָה".

שָׂרָה: זֶה טוֹב. אֲנִי יוֹדַעַת לִכְתֹּב "הִיא לוֹמֶדֶת עִבְרִית".

רוּת: זֶה טוֹב. אַתְּ יוֹדַעַת עִבְרִית. אַתְּ תַּלְמִידָה טוֹבָה.

שָׂרָה: תּוֹדָה, רוּת.

רוּת: בְּבַקָּשָׁה.

Sentence Patterns דִּגְמֵי מִשְׁפָּט

א

זֶה טוֹב.
זֶה שֻׁלְחָן טוֹב.
זֶה לוּחַ טוֹב.
זֶה גִּיר טוֹב.
זֶה יֶלֶד טוֹב.

ב

זֹאת מוֹרָה טוֹבָה.
זֹאת כִּתָּה טוֹבָה.
הִיא תַּלְמִידָה טוֹבָה.
שָׂרָה יַלְדָּה טוֹבָה.
גַּם אַתְּ יַלְדָּה טוֹבָה.

ג

מִי יוֹדֵעַ לִקְרֹא?
מִי יוֹדֵעַ לִכְתֹּב?
מִי יוֹדֵעַ לִלְמֹד?
מִי יוֹדֵעַ עִבְרִית?
מִי יוֹדֵעַ מַה זֶּה?

ד

אֲנִי יוֹדֵעַ מִי אַתָּה.
אַתָּה יוֹדֵעַ מִי הוּא.
הוּא יוֹדֵעַ מִי אַתְּ.
אַתְּ יוֹדַעַת מִי אֲנִי.
הִיא יוֹדַעַת מִי אַתָּה.

הַלּוּחַ *The blackboard*

בַּכִּתָּה לוּחַ. בַּכִּתָּה גִּיר.
הִנֵּה הַגִּיר. בְּבַקָּשָׁה לִכְתֹּב.
כָּל תַּלְמִיד יוֹדֵעַ לִכְתֹּב.
כָּל תַּלְמִידָה יוֹדַעַת לִכְתֹּב.
כָּל תַּלְמִיד טוֹב רוֹצֶה לִכְתֹּב עַל הַלּוּחַ.
כָּל תַּלְמִידָה טוֹבָה רוֹצָה לִכְתֹּב עַל הַלּוּחַ.
זֶה רוֹצֶה לִכְתֹּב "שָׁלוֹם",
וְזֶה רוֹצֶה לִכְתֹּב "מוֹרֶה".
כָּל יֶלֶד לוֹמֵד לִכְתֹּב וְלִקְרֹא,
וְגַם כָּל יַלְדָּה לוֹמֶדֶת לִכְתֹּב וְלִקְרֹא.

תַּרְגִּילֵי לָשׁוֹן *Language Drills*

א

Check (V) the Hebrew sentence which best describes the illustration to the left.

( ) יֵשׁ לְךָ שֻׁלְחָן טוֹב.

( ) יֵשׁ לִי שֻׁלְחָן לֹא טוֹב.

( ) אֲנִי יוֹדֵעַ אֵיפֹה אַתָּה.

( ) הוּא יוֹדֵעַ לִקְרֹא עִבְרִית.

( ) הִיא יוֹדַעַת לִכְתֹּב עִבְרִית.

( ) אֲנִי יוֹדַעַת: אַתָּה יֶלֶד טוֹב.

( ) רוּת, אֵיפֹה הַלּוּחַ?

( ) זֶה גִּיר טוֹב.

( ) דָּוִד, הִנֵּה הַלּוּחַ.

( ) הַגִּיר עַל הַמַּחְבֶּרֶת.

( ) הִנֵּה הַגִּיר, מֹשֶׁה.

( ) זֹאת תַּלְמִידָה טוֹבָה.

ב

Note the double use of הַ *(the):* הַ — הַ — הַ

הַלּוּחַ הַטּוֹב	הַמּוֹרָה הַטּוֹבָה
הַסֵּפֶר הַטּוֹב	הַיַּלְדָּה הַטּוֹבָה
הַיֶּלֶד הַטּוֹב	הַכִּתָּה הַטּוֹבָה
הַגִּיר הַטּוֹב	הַתַּלְמִידָה הַטּוֹבָה

ג

Complete each sentence with יוֹדֵעַ *or* יוֹדַעַת.

אַתְּ______.	יוֹסֵף______.
אַתָּה______.	רוּת______.
הוּא______.	מֹשֶׁה______.
הִיא______.	אוֹרָה______.
תַּלְמִיד______.	מוֹרָה______.

ד

Complete each sentence with טוֹב *or* טוֹבָה.

הוּא יֶלֶד______.	הוּא תַּלְמִיד______.
זֶה שֻׁלְחָן______.	שָׂרָה תַּלְמִידָה______.
הִיא מוֹרָה______.	זֶה עִפָּרוֹן______.
הִיא יַלְדָּה______.	זֶה לוּחַ______.
הִנֵּה גִּיר______.	זֹאת כִּתָּה______.

ה

Choose one of the following words to complete each sentence. טוֹב מַה לְךָ עִבְרִית יוֹדֵעַ תַּלְמִידָה גִּיר אֲנִי יוֹדַעַת בְּבַקָּשָׁה

1 הוּא לֹא יוֹדֵעַ_____ לִכְתֹּב.

2 הִיא יוֹדַעַת לִקְרֹא_____.

3 הִנֵּה הַלּוּחַ וְהִנֵּה הַ_____.

4 אֲנִי יַלְדָּה וַ_____ גַּם תַּלְמִידָה.

5 הַגִּיר הַזֶּה לֹא_____.

6 _____ לִקְרֹא בַּסֵּפֶר.

7 מָה עוֹד יֵשׁ_____ ?

8 הִיא_____ טוֹבָה.

9 מֹשֶׁה לֹא_____ לִקְרֹא עִבְרִית.

10 מָה אַתְּ_____ ?

ו

אֱמֹר בְּעִבְרִית *Say it in Hebrew*

1 This is a blackboard.
2 I have chalk.
3 Sarah, (do) you have a book?
4 This (is) a good blackboard.
5 She (is) a good girl.
6 Who knows Hebrew?
7 Ruth, (do) you want to study Hebrew?
8 He knows (how) to read.
9 Here (is) a good pencil, please.
10 Ora, what else (do) you know?
11 Teacher, (do) you have students?
12 Where (is) the good book?

יְחִידָה בֵּית

Unit Two – At Home

בַּבַּיִת

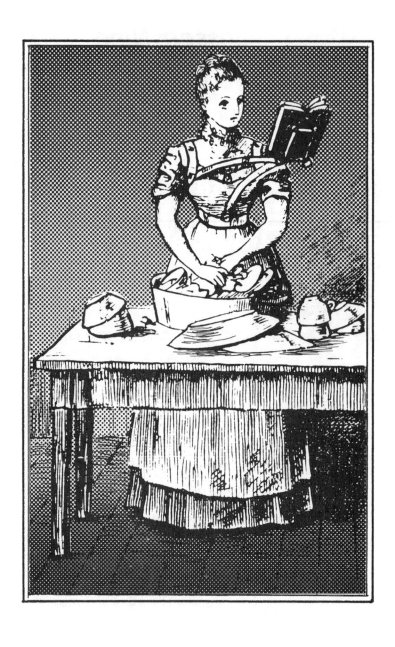

שִׁעוּר תְּשִׁיעִי

Ψ Ψ Ψ Ψ Ψ Ψ Ψ Ψ Ψ Ψ Ψ Ψ Ψ Ψ Ψ Ψ Ψ Ψ Ψ Ψ Ψ Ψ Ψ Ψ Ψ Ψ Ψ Ψ Ψ

Lesson Nine

א

יוֹסֵף: הִנֵּה רְחוֹב וַשִׁינְגְטוֹן.

דָּוִד: וְהִנֵּה הַבַּיִת שֶׁלִּי.

יוֹסֵף: אֲנִי יוֹדֵעַ. זֶה בַּיִת יָפֶה.

דָּוִד: תּוֹדָה, יוֹסֵף. וְגַם לְךָ יֵשׁ בַּיִת יָפֶה.

יוֹסֵף: תּוֹדָה, הַבַּיִת שֶׁלִּי בִּרְחוֹב קֶנֶדִי.

דָּוִד: אֲנִי יוֹדֵעַ. "קֶנֶדִי" רְחוֹב יָפֶה.

יוֹסֵף: גַּם "וַשִׁינְגְטוֹן" רְחוֹב יָפֶה.

דָּוִד: יוֹסֵף, אֲנִי רוֹצֶה לָלֶכֶת הַבַּיְתָה.

יוֹסֵף: טוֹב. גַּם אֲנִי רוֹצֶה לָלֶכֶת הַבַּיְתָה.

דָּוִד: שָׁלוֹם, יוֹסֵף.

יוֹסֵף: שָׁלוֹם, דָּוִד.

ב

רוּת: אַתְּ רוֹצָה לָלֶכֶת הַבַּיְתָה?

שָׂרָה: כֵּן. הִנֵּה רְחוֹב וַשִׁינְגְטוֹן, וְהִנֵּה הַבַּיִת שֶׁלִּי.

רוּת: יֵשׁ לָךְ בַּיִת יָפֶה.

שָׂרָה: תּוֹדָה, רוּת.

רוּת: גַּם אֲנִי רוֹצָה לָלֶכֶת הַבַּיְתָה. הַבַּיִת שֶׁלִּי בִּרְחוֹב קֶנֶדִי.

שָׂרָה: כֵּן, אֲנִי יוֹדַעַת. גַּם "קֶנֶדִי" רְחוֹב יָפֶה!
גַּם לָךְ יֵשׁ בַּיִת טוֹב וְיָפֶה.

רוּת: תּוֹדָה.

שָׂרָה: בְּבַקָּשָׁה. שָׁלוֹם, רוּת.

רוּת: שָׁלוֹם, שָׂרָה.

דֻּגְמֵי מִשְׁפָּט *Sentence Patterns*

א	ב	ג
מִי בַּבַּיִת?	הוּא בַּבַּיִת.	זֶה בַּיִת יָפֶה.
מַה בַּבַּיִת?	הִיא בַּבַּיִת.	זֶה בַּיִת טוֹב וְיָפֶה.
אֲנִי בַּבַּיִת.	הַיֶּלֶד בַּבַּיִת.	זֶה שֻׁלְחָן יָפֶה.
אַתָּה בַּבַּיִת.	הַיַּלְדָּה בַּבַּיִת.	זֶה יֶלֶד טוֹב.
אַתְּ בַּבַּיִת.	הַתַּלְמִיד בַּבַּיִת.	זֶה סֵפֶר יָפֶה וְטוֹב.

ד	ה
הַבַּיִת הַזֶּה יָפֶה.	הָרְחוֹב שֶׁלִּי טוֹב וְיָפֶה.
הַבַּיִת בָּרְחוֹב.	הַבַּיִת שֶׁלִּי טוֹב וְיָפֶה.
הַבַּיִת הַזֶּה בָּרְחוֹב.	הַשֻּׁלְחָן שֶׁלִּי טוֹב וְיָפֶה.
הַבַּיִת הַזֶּה בָּרְחוֹב הַזֶּה.	הָעִפָּרוֹן שֶׁלִּי טוֹב וְיָפֶה.

ו	ז
הַיַּלְדָּה הַזֹּאת טוֹבָה.	יֵשׁ לִי בַּיִת וְגַם לְךָ יֵשׁ בַּיִת.
הַיֶּלֶד הַזֶּה טוֹב.	יֵשׁ לִי עִפָּרוֹן וְגַם לְךָ יֵשׁ עִפָּרוֹן.
הַמּוֹרָה הַזֹּאת טוֹבָה.	יֵשׁ לְךָ סֵפֶר וְגַם לִי יֵשׁ סֵפֶר.
הַמַּחְבֶּרֶת הַזֹּאת טוֹבָה.	יֵשׁ לִי בַּיִת וּלְךָ אֵין בַּיִת.

ח

מִי רוֹצֶה לָלֶכֶת?
גַם אֲנִי רוֹצֶה לָלֶכֶת.
אַתְּ רוֹצָה לָלֶכֶת בִּרְחוֹב וַשִׁינְגְטוֹן.
הוּא רוֹצֶה לָלֶכֶת בִּרְחוֹב קֶנֶדִי.
בְּבַקָשָׁה, לָלֶכֶת הַבַּיְתָה!
בְּבַקָשָׁה לֹא לָלֶכֶת בָּרְחוֹב.

ט

מִי יוֹדֵעַ שֶׁהִיא רוֹצָה לָלֶכֶת?
הִיא יוֹדַעַת שֶׁגַם הוּא רוֹצֶה לָלֶכֶת.
כָּל תַּלְמִיד רוֹצֶה לָלֶכֶת הַבַּיְתָה.
גַם הַמוֹרָה רוֹצָה לָלֶכֶת הַבַּיְתָה.

מִי הוֹלֵךְ הַבַּיְתָה? *Who's going home?*

א

הִנֵּה דָּוִד וְיוֹסֵף.
דָּוִד רוֹצֶה לָלֶכֶת הַבַּיְתָה.
הִנֵּה רְחוֹב וַשִׁינְגְטוֹן, וְהִנֵּה הַבַּיִת שֶׁל דָּוִד.
הַבַּיִת יָפֶה וְהָרְחוֹב יָפֶה.

ב

דָּוִד יוֹדֵעַ אֵיפֹה הַבַּיִת שֶׁל יוֹסֵף.
הַבַּיִת שֶׁל יוֹסֵף בִּרְחוֹב קֶנֶדִי.
רְחוֹב קֶנֶדִי יָפֶה, וְגַם הַבַּיִת שֶׁל יוֹסֵף יָפֶה.

ג

הִנֵּה הַיַּלְדָּה רוּת וְהַיַּלְדָּה שָׂרָה.
רוּת רוֹצָה לָלֶכֶת הַבַּיְתָה,
וְגַם שָׂרָה רוֹצָה לָלֶכֶת הַבַּיְתָה.
רוּת יוֹדַעַת אֵיפֹה הַבַּיִת שֶׁל שָׂרָה,
וְשָׂרָה יוֹדַעַת אֵיפֹה הַבַּיִת שֶׁל רוּת.
שָׂרָה יוֹדַעַת: הַבַּיִת שֶׁל רוּת יָפֶה,
וְרוּת יוֹדַעַת: הַבַּיִת שֶׁל שָׂרָה יָפֶה.
הַבַּיִת שֶׁל רוּת בִּרְחוֹב וַשִׁינְגְטוֹן,
וְהַבַּיִת שֶׁל שָׂרָה בִּרְחוֹב קֶנֶדִי.
רוּת יוֹדַעַת: „קֶנֶדִי" רְחוֹב יָפֶה,
וְשָׂרָה יוֹדַעַת: גַּם „וַשִׁינְגְטוֹן" רְחוֹב יָפֶה.

תַּרְגִּילֵי לָשׁוֹן *Language Drills*

א

*Check (**V**) the Hebrew sentence which best describes the illustration to the left.*

( ) יֶלֶד וְיַלְדָּה בָּרְחוֹב.

( ) מַה זֶה? זֶה רְחוֹב.

( ) הַמּוֹרֶה אוֹמֵר: הִנֵּה רְחוֹב.

( ) הִנֵּה בַּיִת יָפֶה!

( ) בַּבַּיִת שֻׁלְחָן יָפֶה.

( ) זֶה הַבַּיִת שֶׁלִּי.

( ) מִי רוֹצֶה לָלֶכֶת הַבַּיְתָה?

( ) רוּת רוֹצָה לָלֶכֶת הַבַּיְתָה.

( ) הַמּוֹרָה רוֹצָה לָלֶכֶת הַבַּיְתָה.

( ) זֶה הַבַּיִת שֶׁלִּי!

( ) זֹאת הַמַּחְבֶּרֶת שֶׁלִּי!

( ) הָרְחוֹב שֶׁלִּי יָפֶה.

ב

Which word on the left belongs with the word on the right?

הוּא______ (בְּבַיִת הַבַּיִת)

לָלֶכֶת______ (הַבַּיִת הַבַּיְתָה)

הִיא______ (רְחוֹב בָּרְחוֹב)

הָרְחוֹב______ (זֶה הַזֶּה)

לָלֶכֶת______ (הָרְחוֹב בָּרְחוֹב)

הַלּוּחַ______ (הַכִּתָּה בַּכִּתָּה)

זֶה______ (הַבַּיִת הַבַּיְתָה)

בַּיִת______ (טוֹב טוֹבָה)

ג

מַה חָסֵר? *What's Missing?*

1 הַבַּיִת שֶׁלִּי בְּ______ וַשִׁינְגְטוֹן. (כָּל רְחוֹב)

2 מִי בַּ______ הַזֶּה? (לָלֶכֶת בַּיִת)

3 הַתַּלְמִיד______ בַּכִּתָּה. (שֶׁלִּי לִי)

4 יוֹסֵף רוֹצֶה______ הַבַּיְתָה. (לִקְרֹא לָלֶכֶת)

5 אֵין לִי בַּיִת______. (יָפֶה תּוֹדָה)

6 מִי רוֹצֶה לָלֶכֶת______? (הַבַּיִת הַבַּיְתָה)

7 מִי יוֹדֵעַ______ הַבַּיִת שֶׁלִּי? (רוֹצָה אֵיפֹה)

8 בָּרְחוֹב______ בַּיִת יָפֶה. (יֵשׁ עַל)

ד

Circle the Hebrew word which has the same meaning as the English word (or words) to the right.

1	nice	הַיֶּלֶד יָפֶה וְטוֹב.
2	home	מִי רוֹצֶה לָלֶכֶת הַבַּיְתָה?
3	mine (my)	זֶה הָעִפָּרוֹן שֶׁלִּי.
4	blackboard	בַּכִּתָּה לוּחַ יָפֶה.
5	to go (walk)	מִי רוֹצֶה לָלֶכֶת?
6	I have	יֵשׁ לִי סֵפֶר יָפֶה.
7	you have	מַה יֵּשׁ לְךָ, דָּוִד?
8	house	זֶה בַּיִת טוֹב וְיָפֶה.
9	please	בְּבַקָּשָׁה, הִנֵּה הַמַּחְבֶּרֶת!

ה

אֱמֹר בְּעִבְרִית *Say it in Hebrew*

1 Here (is) the house.
2 Sarah, (do) you want to go?
3 This (is) a beautiful house.
4 (Does) he want to go home?
5 Where (is) my house?
6 Where (is) the street?
7 What (do) you have, David?
8 (Is) this a nice street?
9 She wants to walk (go) in the street.
10 Who knows where the house is?

שִׁעוּר עֲשִׂירִי

Lesson Ten

א

אִמָּא: דָּוִד, מָה אַתָּה אוֹמֵר?

דָּוִד: אֲנִי אוֹמֵר: אֲנִי בַּבַּיִת, וְהִנֵּה גַּם חָבֵר שֶׁלִּי.

יוֹסֵף (אֶל אִמָּא): שָׁלוֹם!

אִמָּא: שָׁלוֹם. מַה שִׁמְךָ?

יוֹסֵף: שְׁמִי יוֹסֵף.

אִמָּא: שָׁלוֹם, יוֹסֵף. יֵשׁ לְךָ שֵׁם יָפֶה.

יוֹסֵף: תּוֹדָה.

אִמָּא: בְּבַקָּשָׁה. מַה שֵּׁם אַבָּא שֶׁלְּךָ?

יוֹסֵף: שֵׁם אַבָּא שֶׁלִּי אַבְרָהָם. אַבְרָהָם רוֹזֵן.

ב

אִמָּא: אַבְרָהָם רוֹזֶן? אֲנִי יוֹדַעַת: הוּא מוֹרֶה.
הוּא הַמּוֹרֶה שֶׁל דָוִד.

יוֹסֵף: הוּא גַּם הַמּוֹרֶה שֶׁלִּי.

דָוִד: הוּא מוֹרֶה טוֹב.

יוֹסֵף: תּוֹדָה. אַתָּה תַּלְמִיד טוֹב.

אִמָּא (אֶל יוֹסֵף): אֵיפֹה הַבַּיִת שֶׁל אַבָּא שֶׁלְּךָ?

יוֹסֵף: בִּרְחוֹב קֶנֶדִי.

אִמָּא: ״קֶנֶדִי״ רְחוֹב יָפֶה.

יוֹסֵף: אֲנִי רוֹצֶה לָלֶכֶת הַבַּיְתָה.

דָוִד: טוֹב. שָׁלוֹם, יוֹסֵף. שָׁלוֹם גַּם לְאַבָּא שֶׁלְּךָ.

יוֹסֵף: שָׁלוֹם לְךָ.

דְּגָמֵי מִשְׁפָּט *Sentence Patterns*

א

שְׁמִי דָּוִד.
שְׁמִי אוֹרָה.
שְׁמִי רוּת.
מַה שְׁמִי?
זֶה שְׁמִי.

ב

מַה שֵּׁם אִמָּא?
מַה שֵּׁם אַבָּא?
מַה שֵּׁם הַיֶּלֶד?
מַה שֵּׁם הֶחָבֵר?
מַה שֵּׁם הַמּוֹרֶה?

ג

מַה שִׁמְךָ?
שִׁמְךָ דָּוִד?
שִׁמְךָ יוֹסֵף?
שִׁמְךָ אַבְרָהָם?
שִׁמְךָ מֹשֶׁה?

ד

מִי הַמּוֹרֶה שֶׁלְּךָ?
אֵיפֹה הַסֵּפֶר שֶׁלְּךָ?
מִי הֶחָבֵר שֶׁלְּךָ?
מַה הַשֵּׁם שֶׁלְּךָ?
הוּא אַבָּא שֶׁלְּךָ?

ה

מַה שֵּׁם אַבָּא שֶׁלָּךְ?
מַה שֵּׁם אִמָּא שֶׁלָּךְ?
מַה שֵּׁם הֶחָבֵר שֶׁלָּךְ?
מַה שֵּׁם הַמּוֹרָה שֶׁלָּךְ?
מַה שֵּׁם הַמּוֹרֶה שֶׁלָּךְ?

ו

שְׁמִי דָּוִד וּשְׁמְךָ יוֹסֵף.
שְׁמִי מֹשֶׁה וּשְׁמְךָ אוּרִי.
שְׁמִי אַבְרָהָם וּשְׁמְךָ יַעֲקֹב.
שְׁמִי יָפֶה וְגַם שִׁמְךָ יָפֶה.
שְׁמִי טוֹב וְגַם שִׁמְךָ טוֹב.

ז

שִׁמְךָ יוֹסֵף וּשְׁמִי דָּוִד.
שִׁמְךָ אוּרִי וּשְׁמִי מֹשֶׁה.
שִׁמְךָ יָפֶה וְגַם שְׁמִי יָפֶה.
שִׁמְךָ טוֹב וְגַם שְׁמִי טוֹב.
שִׁמְךָ טוֹב וּשְׁמִי יָפֶה.

ח

מִי אוֹמֵר "שָׁלוֹם"?

מִי אוֹמֵר "טוֹב"?

מִי אוֹמֵר "שִׁמְךָ יָפֶה"?

מִי אוֹמֵר "בְּבַקָּשָׁה"?

מִי אוֹמֵר "תּוֹדָה"?

ט

מָה אַתָּה אוֹמֵר?

מַה הוּא אוֹמֵר?

מָה אֲנִי אוֹמֵר?

מָה אַבָּא אוֹמֵר?

מַה הַמּוֹרֶה אוֹמֵר?

חָבֵר בַּבַּיִת *A friend at home*

א

דָּוִד בַּבַּיִת. הוּא אוֹמֵר:

– אִמָּא, יֵשׁ לִי חָבֵר בַּבַּיִת.

הֶחָבֵר שֶׁל דָּוִד אוֹמֵר:

– שְׁמִי יוֹסֵף. דָּוִד הוּא חָבֵר שֶׁלִּי. שֵׁם אַבָּא שֶׁלִּי אַבְרָהָם רוֹזֶן. הוּא מוֹרֶה.

דָּוִד אוֹמֵר:

– אִמָּא, אַבָּא שֶׁל יוֹסֵף מוֹרֶה טוֹב. הַבַּיִת שֶׁל יוֹסֵף בִּרְחוֹב קֶנֶדִי. זֶה רְחוֹב יָפֶה.

יוֹסֵף אוֹמֵר:

– אֲנִי רוֹצֶה לָלֶכֶת הַבַּיְתָה. שָׁלוֹם, דָּוִד, וְשָׁלוֹם לְאִמָּא שֶׁלְּךָ.

69 חָבֵר בַּבַּיִת

ב

דָּוִד בַּבַּיִת. גַּם אַבָּא שֶׁל דָּוִד בַּבַּיִת.
אִמָּא שֶׁל דָּוִד לֹא בַּבַּיִת.
בַּבַּיִת יוֹסֵף, הֶחָבֵר שֶׁל דָּוִד.
דָּוִד אוֹמֵר:
– אַבָּא, הִנֵּה הֶחָבֵר שֶׁלִּי.
אַבָּא אוֹמֵר אֶל הֶחָבֵר שֶׁל דָּוִד:
– מַה שִּׁמְךָ? וּמַה שֵּׁם אַבָּא שֶׁלְּךָ?
יוֹסֵף אוֹמֵר:
– שְׁמִי יוֹסֵף, וְשֵׁם אַבָּא שֶׁלִּי אַבְרָהָם.
אַבָּא אוֹמֵר:
– אַבָּא שֶׁלְּךָ הוּא הַמּוֹרֶה אַבְרָהָם רוֹזֵן?
– כֵּן – אוֹמֵר יוֹסֵף – אַבָּא שֶׁלִּי מוֹרֶה.

תַּרְגִּילֵי לָשׁוֹן Language Drills

א

Check (✓) the Hebrew sentence which best describes the illustration to the left.

( ) דָּוִד, מִי הֶחָבֵר שֶׁלִּי?

( ) יוֹסֵף חָבֵר טוֹב.

( ) מַה שֵּׁם הֶחָבֵר שֶׁלְּךָ?

( ) הוּא אוֹמֵר: שָׁלוֹם יְלָדִים.

( ) דָּוִד, מָה אַתָּה אוֹמֵר?

( ) הוּא אוֹמֵר: הִנֵּה הַמּוֹרָה!

( ) מַה שִּׁמְךָ?

( ) הַשֵּׁם שֶׁלִּי רוּת.

( ) זֶה הֶחָבֵר שֶׁלָּךְ.

( ) אַבָּא וְאִמָּא בָּרְחוֹב.

( ) הֶחָבֵר שֶׁלִּי בָּרְחוֹב.

( ) גַּם אַתָּה בָּרְחוֹב.

ב

Which word on the left best completes each sentence?

הַשֵּׁם שֶׁלָּךְ ______. (אַבְרָהָם שָׂרָה)

הַשֵּׁם שֶׁל אַבָּא שֶׁלְּךָ ______. (יַעֲקֹב רוּת)

הֶחָבֵר שֶׁלָּךְ ______. (אוֹרָה יוֹסֵף)

הַמּוֹרֶה שֶׁלְּךָ ______. (טוֹב טוֹבָה)

הַמּוֹרָה שֶׁלְּךָ ______. (טוֹב טוֹבָה)

ג

מָה חָסֵר? *What's Missing?*

1 לִי יֵשׁ סֵפֶר. הַסֵּפֶר ______. (שֶׁלִּי שֶׁלְּךָ)

2 לְךָ יֵשׁ עִפָּרוֹן. הָעִפָּרוֹן ______. (שֶׁלִּי שֶׁלְּךָ)

3 אַבָּא שֶׁל יוֹסֵף ______. (מוֹרֶה מוֹרָה)

4 אַבְרָהָם, זֶה הַ______ שֶׁל אַבָּא. (שֵׁם בַּיִת)

5 שִׁמְךָ ______. (אוֹרָה יוֹסֵף)

6 אַבָּא אוֹמֵר לַיֶּלֶד: מַה ______? (שִׁמְךָ שֵׁם)

7 הַיֶּלֶד יוֹסֵף ______ שֶׁל הַיֶּלֶד דָּוִד. (אִמָּא חָבֵר)

8 אַבְרָהָם רוֹזֶן הוּא ______ שֶׁל יוֹסֵף. (אַבָּא שֵׁם)

9 זֹאת ______ שֶׁל דָּוִד. הִיא בַּבַּיִת. (יָפֶה אִמָּא)

10 מָה אַתָּה ______, דָּוִד? (אוֹמֵר לָלֶכֶת)

ד

Choose one of the following words to complete each sentence. מוֹרֶה שֶׁלְּךָ שֶׁלִּי אוֹמֵר אַבָּא בְּבַקָּשָׁה אִמָּא שֵׁם חָבֵר אֵיפֹה

1 דָּוִד אוֹמֵר: זֶה הֶחָבֵר______.
2 מַה______ הֶחָבֵר שֶׁלְּךָ?
3 אַבָּא שֶׁלְּךָ______.
4 אִמָּא שֶׁלִּי בַּבַּיִת.______ לֹא בַּבַּיִת.
5 דָּוִד, אֵיפֹה הַסֵּפֶר______?
6 יוֹסֵף הוּא______ טוֹב שֶׁל דָּוִד.
7 אַבָּא שֶׁל יוֹסֵף______: אֲנִי מוֹרֶה.
8 לְדָוִד יֵשׁ אַבָּא וְ______.
9 דָּוִד,______ הֶחָבֵר שֶׁלְּךָ?
10 אֲנִי אוֹמֵר "תּוֹדָה" וְהוּא אוֹמֵר:______.

ה

אֱמֹר בְּעִבְרִית *Say it in Hebrew*

1 He (is) a good friend.
2 David, who (is) your father?
3 This (is) a beautiful name.
4 Joseph, what (do) you say?
5 Mother (is) in the house.
6 My friend wants to go home.
7 She (does) not want to walk (go) in the street.
8 My father (is) a teacher.
9 Moshe, (is) your mother a teacher?
10 Where (is) the street?

שִׁעוּר אַחַד עָשָׂר

ΨΨΨΨΨΨΨΨΨΨΨΨΨΨΨΨΨΨΨΨΨΨΨΨΨΨΨΨΨΨΨΨ

Lesson Eleven

אִמָּא: מָה אַתְּ אוֹמֶרֶת, אוֹרָה?

אוֹרָה: אֲנִי אוֹמֶרֶת: בְּבַקָּשָׁה לְהַכִּיר חֲבֵרָה שֶׁלִּי. הִנֵּה הִיא.

אִמָּא (אֶל רוּת): נָעִים לְהַכִּיר. אֲנִי גְּבֶרֶת כֹּהֵן. וּמַה שְּׁמֵךְ?

רוּת: שְׁמִי רוּת. נָעִים לְהַכִּיר, גְּבֶרֶת כֹּהֵן.

אִמָּא: תּוֹדָה. מַה שֵּׁם אִמָּא שֶׁלָּךְ? וּמַה שֵּׁם אַבָּא שֶׁלָּךְ?

רוּת: אַבָּא שֶׁלִּי הוּא אָדוֹן דָּן כַּרְמֶל,
וְאִמָּא שֶׁלִּי הִיא גְּבֶרֶת רָחֵל כַּרְמֶל.

אִמָּא: גְּבֶרֶת רָחֵל כַּרְמֶל?! אֲנִי יוֹדַעַת... הִיא מוֹרָה.

רוּת: כֵּן, הִיא מוֹרָה וְגַם אַבָּא שֶׁלִּי מוֹרֶה.

אוֹרָה: אָדוֹן כַּרְמֶל הוּא מוֹרֶה לְעִבְרִית,
וּגְבֶרֶת כַּרְמֶל הִיא מוֹרָה לְאַנְגְּלִית.

אִמָּא: אֲנִי יוֹדַעַת. גְּבֶרֶת כַּרְמֶל הִיא הַמּוֹרָה
שֶׁל תַּלְמִידִים בִּרְחוֹב וַשִׁינְגְטוֹן וּרְחוֹב קֶנֶדִי.

אוֹרָה: גְּבֶרֶת כַּרְמֶל מוֹרָה טוֹבָה.

רוּת: תּוֹדָה, אוֹרָה. תּוֹדָה, גְּבֶרֶת כֹּהֵן.
אֲנִי רוֹצָה לָלֶכֶת הַבַּיְתָה.

אוֹרָה: שָׁלוֹם, רוּת!

רוּת: שָׁלוֹם, אוֹרָה. שָׁלוֹם, גְּבֶרֶת כֹּהֵן, וְשָׁלוֹם גַּם לְאָדוֹן כֹּהֵן.

שִׂיחָה (חֲזָרָה) *Review Conversation*

רוּת: שָׁלוֹם, גְּבֶרֶת כֹּהֵן!

אִמָּא: שָׁלוֹם. מִי אַתְּ?

אוֹרָה: זֹאת הַחֲבֵרָה שֶׁלִּי.

אִמָּא (אֶל רוּת): מַה שְּׁמֵךְ?

רוּת: שְׁמִי רוּת.

אִמָּא: נָעִים לְהַכִּיר. וּמַה שֵּׁם אַבָּא שֶׁלָּךְ?

רוּת: אַבָּא שֶׁלִּי הוּא אָדוֹן דָּן כַּרְמֶל,
וְאִמָּא שֶׁלִּי הִיא גְּבֶרֶת רָחֵל כַּרְמֶל.

אוֹרָה: אָדוֹן כַּרְמֶל הוּא מוֹרֶה לְעִבְרִית,
וּגְבֶרֶת כַּרְמֶל הִיא מוֹרָה לְאַנְגְּלִית.

אִמָּא: מִי הַתַּלְמִידִים בַּכִּתָּה שֶׁל גְּבֶרֶת כַּרְמֶל?

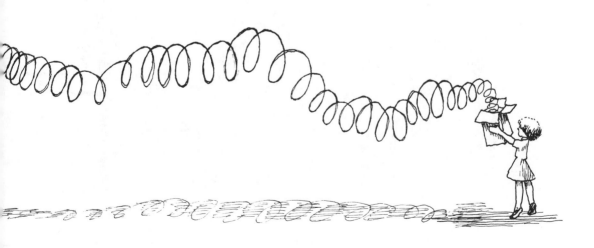

רוּת: הַתַּלְמִידִים שֶׁל רְחוֹב וַשִׁינְגְטוֹן וּרְחוֹב קֶנֶדִי.

אוֹרָה: גַּם אָדוֹן כַּרְמֶל הוּא הַמּוֹרֶה שֶׁל יְלָדִים בִּרְחוֹב קֶנֶדִי וּרְחוֹב וַשִׁינְגְטוֹן.

אִמָּא: מַה טוֹב וּמַה נָעִים!

רוּת: תּוֹדָה, גְּבֶרֶת כֹּהֵן.

אִמָּא: בְּבַקָּשָׁה.

רוּת: אֲנִי רוֹצָה לָלֶכֶת הַבַּיְתָה.

אוֹרָה: שָׁלוֹם, רוּת.

רוּת: שָׁלוֹם, אוֹרָה.

שָׁלוֹם, גְּבֶרֶת כֹּהֵן, וְשָׁלוֹם גַּם לְאָדוֹן כֹּהֵן.

דְּגְמֵי מִשְׁפָּט *Sentence Patterns*

א
- נָעִים לְהַכִּיר
- טוֹב לְהַכִּיר
- יָפֶה לְהַכִּיר
- בְּבַקָּשָׁה לְהַכִּיר

ב
- נָעִים לְהַכִּיר
- נָעִים לִלְמֹד
- נָעִים לִקְרֹא
- נָעִים לִכְתֹּב

ג
- אָדוֹן כֹּהֵן
- אָדוֹן רוֹזֵן
- אָדוֹן כַּרְמֶל
- אָדוֹן לֵוִי

ד
- גְּבֶרֶת כֹּהֵן
- גְּבֶרֶת רוֹזֵן
- גְּבֶרֶת כַּרְמֶל
- גְּבֶרֶת לֵוִי

ה
- אָדוֹן וּגְבֶרֶת כֹּהֵן
- אָדוֹן וּגְבֶרֶת רוֹזֵן
- אָדוֹן וּגְבֶרֶת כַּרְמֶל
- אָדוֹן וּגְבֶרֶת לֵוִי

ו
- גְּבֶרֶת וְאָדוֹן כֹּהֵן
- גְּבֶרֶת וְאָדוֹן רוֹזֵן
- גְּבֶרֶת וְאָדוֹן כַּרְמֶל
- גְּבֶרֶת וְאָדוֹן לֵוִי

ז
- מַה טּוֹב וּמַה נָּעִים!
- מַה טּוֹב וּמַה יָּפֶה!
- מַה נָּעִים וְטוֹב!
- מַה נָּעִים וְיָפֶה!

ח

בְּבַקָּשָׁה לָלֶכֶת
נָעִים לָלֶכֶת
טוֹב לָלֶכֶת
יָפֶה לָלֶכֶת

ט

נָעִים לָלֶכֶת הַבַּיְתָה
נָעִים לִקְרֹא סֵפֶר
נָעִים לִכְתֹּב בַּמַּחְבֶּרֶת
נָעִים לִלְמֹד עִבְרִית

י

הִנֵּה מַה טּוֹב וּמַה נָּעִים! הִנֵּה מַה נָּעִים וּמַה טּוֹב!
הִנֵּה מַה טּוֹב וּמַה יָּפֶה! הִנֵּה מַה יָּפֶה וּמַה טּוֹב!

יא

נָעִים לְהַכִּיר חָבֵר טוֹב.
נָעִים לְהַכִּיר יֶלֶד טוֹב.
נָעִים לְהַכִּיר חֲבֵרָה טוֹבָה.
נָעִים לְהַכִּיר יַלְדָּה טוֹבָה.
נָעִים לְהַכִּיר מוֹרֶה טוֹב.
נָעִים לְהַכִּיר מוֹרָה טוֹבָה.

יב

אָדוֹן כֹּהֵן? – נָעִים לְהַכִּיר!
אָדוֹן רוֹזֶן? – נָעִים לְהַכִּיר!
אָדוֹן כַּרְמֶל? – נָעִים לְהַכִּיר!
גְּבֶרֶת לֵוִי? – נָעִים לְהַכִּיר!
גְּבֶרֶת כַּרְמֶל? – נָעִים לְהַכִּיר!
גְּבֶרֶת רוֹזֶן? – נָעִים לְהַכִּיר!

נָעִים לְהַכִּיר! *Nice to meet you!*

רוּת בַּבַּיִת שֶׁל אוֹרָה. רוּת הַחֲבֵרָה שֶׁל אוֹרָה.
גַּם אִמָּא שֶׁל אוֹרָה בַּבַּיִת. רוּת אוֹמֶרֶת:
– שָׁלוֹם, גְּבֶרֶת כֹּהֵן!
גְּבֶרֶת כֹּהֵן לֹא יוֹדַעַת מַה שֵּׁם הַחֲבֵרָה שֶׁל אוֹרָה.
הִיא אוֹמֶרֶת לְרוּת:
– מַה שְּׁמֵךְ?
– שְׁמִי רוּת כַּרְמֶל – אוֹמֶרֶת רוּת – אֲנִי הַיַּלְדָּה שֶׁל אָדוֹן דָּן כַּרְמֶל.
אִמָּא שֶׁל אוֹרָה אוֹמֶרֶת לְרוּת:
– נָעִים לְהַכִּיר!
– אָדוֹן כַּרְמֶל – אוֹמֶרֶת אוֹרָה – הוּא מוֹרֶה לְעִבְרִית. וּגְבֶרֶת כַּרְמֶל הִיא מוֹרָה לְאַנְגְּלִית. אָדוֹן כַּרְמֶל הוּא הַמּוֹרֶה שֶׁלִּי.

– מִי עוֹד לוֹמֵד בַּכִּתָּה שֶׁל אָדוֹן כַּרְמֶל? – אוֹמֶרֶת אִמָּא.

רוּת אוֹמֶרֶת:

– אַבָּא שֶׁלִּי הוּא הַמּוֹרֶה שֶׁל הַיְלָדִים בִּרְחוֹב וַשִׁינְגְטוֹן, וְהַיְלָדִים בִּרְחוֹב קֶנֶדִי.

– מַה טוֹב וּמַה נָעִים! – אוֹמֶרֶת אִמָּא.

– אֲנִי רוֹצָה לָלֶכֶת הַבַּיְתָה – אוֹמֶרֶת רוּת.

– שָׁלוֹם, רוּת – אוֹמֶרֶת אִמָּא – שָׁלוֹם גַּם לְאִמָּא שֶׁלָּךְ, גְּבֶרֶת כַּרְמֶל, וְשָׁלוֹם גַּם לְאַבָּא שֶׁלָּךְ, אָדוֹן כַּרְמֶל.

וְרוּת אוֹמֶרֶת:

– שָׁלוֹם, אוֹרָה. שָׁלוֹם, גְּבֶרֶת כֹּהֵן.

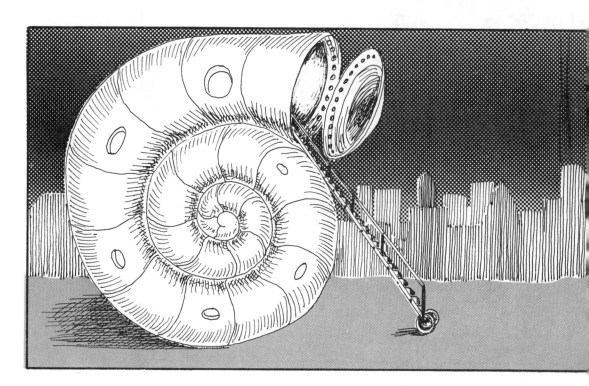

תַּרְגִּילֵי לָשׁוֹן Language Drills

א

Check (✓) the Hebrew sentence which best describes the illustration to the left.

( ) הִיא אוֹמֶרֶת: מִי אַתְּ?

( ) הוּא אוֹמֵר: מִי אַתָּה?

( ) הִיא אוֹמֶרֶת: אַתָּה מוֹרֶה.

( ) גְּבֶרֶת כַּרְמֶל הִיא יַלְדָּה.

( ) אָדוֹן כַּרְמֶל הוּא מוֹרֶה.

( ) גְּבֶרֶת כַּרְמֶל הִיא מוֹרָה.

( ) רוּת אוֹמֶרֶת: מַה שְּׁמֵךְ?

( ) הִיא מוֹרָה לְאַנְגְּלִית.

( ) נָעִים וְטוֹב.

( ) אוֹרָה אוֹמֶרֶת: נָעִים לְהַכִּיר!

( ) אִמָּא אוֹמֶרֶת: נָעִים לְהַכִּיר!

( ) הַמּוֹרָה אוֹמֶרֶת: נָעִים לְהַכִּיר!

Complete each sentence on this page with one of the two given words:

ב

אוֹמֵר אוֹ אוֹמֶרֶת

הַיֶּלֶד_____: שָׁלוֹם.
שָׂרָה_____: טוֹב.
הַיַּלְדָּה_____: אֲנִי תַּלְמִידָה.
מָה אַתָּה_____?
גְּבֶרֶת כֹּהֵן_____: נָעִים וְטוֹב.

ג

חָבֵר אוֹ חֲבֵרָה

דָּוִד הוּא_____ טוֹב.
אוֹרָה הִיא_____ טוֹבָה.
הִיא הַ_____ שֶׁל רוּת.
הוּא הֶ_____ שֶׁל דָּוִד.
הוּא אוֹמֵר: אֲנִי הֶ_____ שֶׁלְּךָ.

ד

שִׁמְךָ אוֹ שְׁמֵךְ

דָּוִד, מַה_____?
אוֹרָה, מַה_____?
רוּת,_____ יָפֶה!
הַמּוֹרֶה אוֹמֵר לְיוֹסֵף: מַה_____?
אַתָּה יֶלֶד._____ מֹשֶׁה.

ה

Which word on the left belongs with the word on the right?

אָדוֹן________	(כַּרְמֶל נָעִים)
נָעִים________	(שֶׁלְּךָ לְהַכִּיר)
מוֹרֶה________	(לְעִבְרִית שְׁמֵךְ)
לוֹמֶדֶת________	(אַנְגְּלִית אָדוֹן)
גְּבֶרֶת________	(שֵׁם כֹּהֵן)
אוֹמֶרֶת________	(תּוֹדָה רְחוֹב)
שְׁמֵךְ________	(אוֹרָה אוּרִי)
לְהַכִּיר________	(גְּבֶרֶת שֶׁלִּי)

ו

Choose one of the following words to complete each sentence: גְּבֶרֶת שְׁמֵךְ אוֹמֶרֶת לְהַכִּיר נָעִים אָדוֹן אַנְגְּלִית

1 אִמָּא אוֹמֶרֶת: נָעִים________.

2 ________ כַּרְמֶל הוּא מוֹרֶה לְעִבְרִית.

3 אִמָּא שֶׁל אוֹרָה הִיא________ כֹּהֵן.

4 הִיא מוֹרָה לְ________ וְהוּא מוֹרֶה לְעִבְרִית.

5 הִיא אוֹמֶרֶת: מַה________ יַלְדָּה?

6 מַה טּוֹב וּמַה________.

7 אִמָּא________: נָעִים לְהַכִּיר.

ז

Circle the Hebrew word which has the same meaning as the English word or words to the right.

הִיא אוֹמֶרֶת: נָעִים וְטוֹב.	1	says
הוּא אוֹמֵר: נָעִים לְהַכִּיר.	2	to meet (know)
יַלְדָּה, מַה שְּׁמֵךְ?	3	your name
מַה טוֹב וּמַה נָּעִים!	4	pleasant
גְּבֶרֶת כַּרְמֶל מוֹרָה לְאַנְגְּלִית.	5	Mrs.
מַה שֵּׁם הָאָדוֹן הַזֶּה?	6	Mr. (man)
אֲנִי יוֹדַעַת אַנְגְּלִית.	7	English
זֶה יָפֶה וְטוֹב.	8	beautiful
אֲנִי לֹא יוֹדֵעַ מַה שִּׁמְךָ.	9	your name
הַבַּיִת הַיָּפֶה בָּרְחוֹב.	10	the house

ח

אֱמֹר בְּעִבְרִית *Say it in Hebrew*

1. Mother says: Please.
2. Pleased to meet (you).
3. What's your name, girl?
4. He (is) an English teacher.
5. Mrs. Cohen wants to go home.
6. Mrs. Carmel says: Hello.
7. How good and how pleasant!
8. How pleasant and how nice!
9. What's the name of the street?
10. She is a Hebrew teacher (a teacher of Hebrew).

שִׁעוּר שְׁנֵים עָשָׂר

Lesson Twelve

א

אוֹרָה: בֹּקֶר טוֹב, אִמָּא! בֹּקֶר טוֹב, אַבָּא!

דָּוִד: בֹּקֶר טוֹב, אַבָּא וְאִמָּא!

אִמָּא: בֹּקֶר טוֹב, יְלָדִים!

אַבָּא: בֹּקֶר טוֹב, כָּל אֶחָד!

אוֹרָה: אֲנִי רוֹצָה אֲרוּחַת־בֹּקֶר.

אַבָּא: כָּל אֶחָד רוֹצֶה אֲרוּחַת־בֹּקֶר.

אִמָּא: אֲרוּחַת־הַבֹּקֶר עַל הַשֻּׁלְחָן. בְּבַקָּשָׁה לָלֶכֶת אֶל הַשֻּׁלְחָן.

דָּוִד: הִנֵּה אֲרוּחַת־הַבֹּקֶר!

אוֹרָה: אִמָּא, זֹאת אֲרוּחָה טוֹבָה!

אִמָּא: תּוֹדָה. בְּתֵאָבוֹן!

אַבָּא: כָּל אֲרוּחָה שֶׁל אִמָּא הִיא אֲרוּחָה טוֹבָה!

דָּוִד: כָּל אֶחָד יוֹדֵעַ זֹאת!
אִמָּא: וְגַם אֲנִי יוֹדַעַת זֹאת! חַ, חַ, חַ!
אַבָּא: בְּתֵאָבוֹן, יְלָדִים!
דָּוִד: בְּתֵאָבוֹן, אַבָּא וְאִמָּא!
אוֹרָה: בְּתֵאָבוֹן, כָּל אֶחָד!

ב

אִמָּא: בֹּקֶר טוֹב, יְלָדִים. מִי רוֹצֶה אֲרוּחַת־בֹּקֶר?
דָּוִד: בֹּקֶר טוֹב, אַבָּא וְאִמָּא.
אוֹרָה: בֹּקֶר טוֹב, כָּל אֶחָד!
דָּוִד: אֲנִי רוֹצֶה אֲרוּחַת־בֹּקֶר.
אוֹרָה: וְגַם אֲנִי!
אַבָּא: כָּל אֶחָד רוֹצֶה אֲרוּחַת־בֹּקֶר.
אִמָּא: בְּבַקָּשָׁה לָלֶכֶת אֶל הַשֻּׁלְחָן, הִנֵּה הָאֲרוּחָה.
אַבָּא: זֹאת אֲרוּחָה טוֹבָה.
דָּוִד: כָּל אֲרוּחָה שֶׁל אִמָּא הִיא אֲרוּחָה טוֹבָה.
אוֹרָה: כָּל אֶחָד יוֹדֵעַ זֹאת.
אִמָּא: תּוֹדָה, יְלָדִים. בְּתֵאָבוֹן.
דָּוִד: בְּתֵאָבוֹן, אַבָּא וְאִמָּא.
אוֹרָה: בְּתֵאָבוֹן, כָּל אֶחָד.

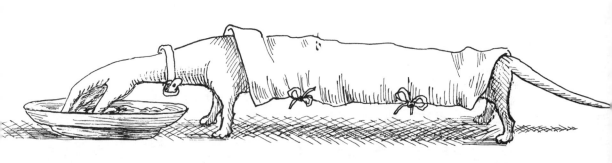

א

בֹּקֶר טוֹב, אִמָּא.
בֹּקֶר טוֹב, אַבָּא.
בֹּקֶר טוֹב, חָבֵר.
בֹּקֶר טוֹב, חֲבֵרָה.
בֹּקֶר טוֹב, יְלָדִים.
בֹּקֶר טוֹב, תַּלְמִידִים.
בֹּקֶר טוֹב, כָּל אֶחָד!

ב

אֶל הַבַּיִת
אֶל הַשֻּׁלְחָן
אֶל הָרְחוֹב
אֶל הַלּוּחַ
אֶל הַכִּתָּה
אֶל הַמּוֹרָה
אֶל הֶחָבֵר

ג

הָאֲרוּחָה שֶׁלִּי
הָאֲרוּחָה שֶׁלְּךָ
הָאֲרוּחָה שֶׁלָּךְ
הָאֲרוּחָה שֶׁל אַבָּא
הָאֲרוּחָה שֶׁל אִמָּא
הָאֲרוּחָה שֶׁל הֶחָבֵר
הָאֲרוּחָה שֶׁל הַמּוֹרֶה

ד

אֲרוּחַת־הַבֹּקֶר שֶׁלִּי
אֲרוּחַת־הַבֹּקֶר שֶׁלְּךָ
אֲרוּחַת־הַבֹּקֶר שֶׁלָּךְ
אֲרוּחַת־הַבֹּקֶר שֶׁל אַבָּא
אֲרוּחַת־הַבֹּקֶר שֶׁל אִמָּא
אֲרוּחַת־הַבֹּקֶר שֶׁל הַיְלָדִים
אֲרוּחַת־הַבֹּקֶר שֶׁל הַחֲבֵרָה

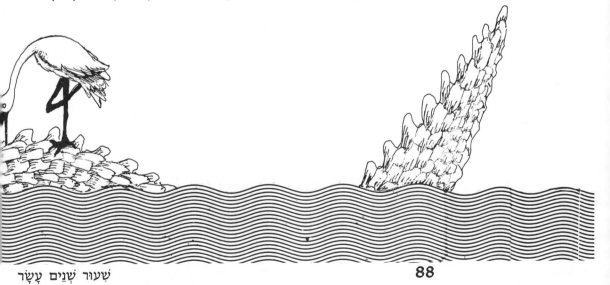

ה

כָּל אֶחָד רוֹצֶה אֲרוּחַת־בֹּקֶר.
כָּל אֶחָד רוֹצֶה לָלֶכֶת.
כָּל אֶחָד רוֹצֶה לִלְמוֹד.
כָּל אֶחָד רוֹצֶה לִקְרֹא.
כָּל אֶחָד רוֹצֶה לִכְתֹּב.
כָּל אֶחָד רוֹצֶה סֵפֶר.
כָּל אֶחָד רוֹצֶה מַחְבֶּרֶת.

ו

בְּתֵאָבוֹן, דָּוִד.
בְּתֵאָבוֹן, אוֹרָה.
בְּתֵאָבוֹן, מֹשֶׁה.
בְּתֵאָבוֹן, יְלָדִים.
בְּתֵאָבוֹן, אַבָּא.
בְּתֵאָבוֹן, אִמָּא.
בְּתֵאָבוֹן, כָּל אֶחָד.

ז

יֵשׁ לִי אֲרוּחַת־בֹּקֶר. אֵין לִי אֲרוּחַת־בֹּקֶר.
יֵשׁ לְךָ אֲרוּחַת־בֹּקֶר? יֵשׁ לָךְ אֲרוּחַת־בֹּקֶר?

ח

מִי אוֹמֵר "שָׁלוֹם" לְמִי?
מִי אוֹמֵר "בְּתֵאָבוֹן" לְמִי?
מִי רוֹצֶה לָלֶכֶת אֶל הַשֻּׁלְחָן?
מִי רוֹצֶה לָלֶכֶת אֶל הַבַּיִת?
מִי אוֹמֵר "תּוֹדָה" לָאָדוֹן הַזֶּה?
מִי אוֹמֵר "בְּבַקָּשָׁה" לַגְּבֶרֶת הַזֹּאת?

הִנֵּה אֲרוּחַת־הַבֹּקֶר! *Here's breakfast!*

בֹּקֶר. הַיְלָדִים בַּבַּיִת. גַּם אַבָּא וְאִמָּא בַּבַּיִת.
כָּל אֶחָד אוֹמֵר: בֹּקֶר טוֹב.
כָּל אֶחָד רוֹצֶה אֲרוּחַת־בֹּקֶר.
אִמָּא אוֹמֶרֶת:
– בְּבַקָּשָׁה לָלֶכֶת אֶל הַשֻּׁלְחָן. הִנֵּה אֲרוּחַת־הַבֹּקֶר.
כָּל אֶחָד אוֹמֵר:
– זֹאת אֲרוּחָה טוֹבָה.
וְאַבָּא אוֹמֵר:
– כָּל אֲרוּחָה שֶׁל אִמָּא, הִיא אֲרוּחָה טוֹבָה.
– אַבָּא, אֲנִי יוֹדֵעַ זֹאת – אוֹמֵר דָּוִד.
– גַּם אֲנִי יוֹדַעַת זֹאת – אוֹמֶרֶת אוֹרָה.
– תּוֹדָה, תּוֹדָה, – אוֹמֶרֶת אִמָּא – בְּתֵאָבוֹן!
כָּל אֶחָד אוֹמֵר:
– בְּתֵאָבוֹן.

תַּרְגִּילֵי לָשׁוֹן Language Drills

א

Check (V) the Hebrew sentence which best describes the illustration to the left.

( ) נָעִים וְטוֹב!

( ) הִנֵּה אֲרוּחַת־בֹּקֶר.

( ) בֹּקֶר טוֹב!

( ) זֹאת לֹא אֲרוּחָה טוֹבָה.

( ) אֲרוּחַת־הַבֹּקֶר עַל הַשֻּׁלְחָן.

( ) אֲרוּחַת־הַבֹּקֶר שֶׁל הַמּוֹרֶה.

( ) בְּבַקָּשָׁה לָלֶכֶת אֶל הַשֻּׁלְחָן.

( ) כָּל אֶחָד אוֹמֵר: בֹּקֶר טוֹב.

( ) אַבָּא אוֹמֵר: הִנֵּה הָאֲרוּחָה שֶׁלִּי.

( ) הִנֵּה הָאֲרוּחָה שֶׁל הָאָדוֹן כַּרְמֶל.

( ) הִנֵּה הָאֲרוּחָה שֶׁלְּךָ.

( ) הִנֵּה הָאֲרוּחָה שֶׁל גְּבֶרֶת כַּרְמֶל.

ב

Complete each sentence with the word אֶל *or* עַל.

הַסֵּפֶר ______ הַשֻּׁלְחָן.
הִיא רוֹצָה לָלֶכֶת ______ הָרְחוֹב.
______ הַשֻּׁלְחָן יֵשׁ אֲרוּחַת־בֹּקֶר.
______ מִי אַתָּה רוֹצֶה לָלֶכֶת?
הָאָדוֹן אוֹמֵר ______ הַגְּבֶרֶת: בֹּקֶר טוֹב!

ג

מָה חָסֵר? *What's Missing?*

1 הִנֵּה אֲרוּחַת־הַ______. (אֶחָד בֹּקֶר)
2 הוּא אוֹמֵר ______ כָּל אֶחָד: בְּתֵאָבוֹן. (אֶל שֶׁל)
3 אִמָּא אוֹמֶרֶת אֶל כָּל אֶחָד: ______. (נָעִים בְּתֵאָבוֹן)
4 כָּל ______ רוֹצֶה אֲרוּחַת־בֹּקֶר. (מִי אֶחָד)
5 ______ אֶחָד אוֹמֵר: תּוֹדָה, אִמָּא! (כָּל עַל)
6 הִיא לֹא יוֹדַעַת מַה ______. (גְּבֶרֶת שְׁמֵךְ)
7 הִיא אוֹמֶרֶת בְּתֵאָבוֹן בְּ______. (אַנְגְּלִית גְּבֶרֶת)
8 כָּל אֶחָד אוֹמֵר: נָעִים ______. (לְךָ לְהַכִּיר)
9 הָאֲרוּחָה שֶׁל ______ כֹּהֵן טוֹבָה. (אָדוֹן שֵׁם)
10 בַּבֹּקֶר הִיא אוֹמֶרֶת: בֹּקֶר ______. (טוֹב בְּתֵאָבוֹן)

ד

Choose one of the following words to complete each sentence. אָדוֹן אֲרוּחָה גְּבֶרֶת בֹּקֶר־טוֹב שֶׁלְּךָ יְלָדִים בֹּקֶר יָפֶה טוֹבָה לָלֶכֶת

1 בַּבֹּקֶר כָּל אֶחָד אוֹמֵר: ______.
2 הִנֵּה הָ______ עַל הַשֻּׁלְחָן.
3 זֹאת אֲרוּחַת־בֹּקֶר______.
4 מִי רוֹצֶה______ אֶל הַשֻּׁלְחָן?
5 אַבָּא אוֹמֵר: בְּתֵאָבוֹן______!
6 זֶה בֹּקֶר______.
7 ______ כֹּהֵן אוֹמֶרֶת: בֹּקֶר טוֹב.
8 ______ כַּרְמֶל אוֹכֵל אֲרוּחָה.
9 הָאֲרוּחָה______ עַל הַשֻּׁלְחָן.
10 זֶה______ נָעִים.

ה

אֱמֹר בְּעִבְרִית *Say it in Hebrew*

1 Mr. Cohen wants breakfast.
2 Mrs. Cohen wants a good meal.
3 Everybody wants to go to the table.
4 This (is) a beautiful morning.
5 Everybody says "Enjoy!" (Have a good appetite.)
6 To the table, children!
7 This (is) a pleasant morning.
8 She says "meal" in Hebrew.
9 I am pleased to meet (know) everybody in the house.
10 David, your meal is not good.

שִׁעוּר שְׁלֹשָׁה עָשָׂר

ΨΨΨΨΨΨΨΨΨΨΨΨΨΨΨΨΨΨΨΨΨΨΨΨΨΨΨΨΨΨΨΨ

Lesson Thirteen

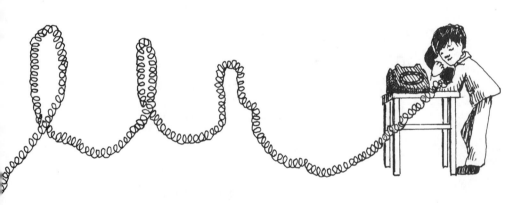

א

יוֹסֵף: דָּוִד, הַאִם אַתָּה עוֹד בַּבַּיִת?

דָּוִד: כֵּן, אֲנִי עוֹד בַּבַּיִת. אֲנִי אוֹכֵל אֲרוּחַת־בֹּקֶר.

יוֹסֵף: דָּוִד, מָה אַתָּה אוֹכֵל בַּבֹּקֶר?

דָּוִד: אֲנִי אוֹכֵל מַה שֶּׁכָּל אֶחָד אוֹכֵל בַּבֹּקֶר.

יוֹסֵף: אֲנִי יוֹדֵעַ. בַּבֹּקֶר כָּל אֶחָד אוֹכֵל לֶחֶם וְחֶמְאָה.

דָּוִד: הִנֵּה, אַתָּה יוֹדֵעַ.

יוֹסֵף: הַאִם אַתָּה אוֹכֵל גַּם גְּבִינָה?

דָּוִד: כֵּן. כָּל אֶחָד אוֹכֵל גְּבִינָה.

יוֹסֵף: הַאִם אַתָּה אוֹכֵל גַּם בֵּיצָה?

דָוִד: כֵּן. אֲנִי אוֹכֵל לֶחֶם, גְּבִינָה וְגַם בֵּיצָה.

יוֹסֵף: וּמָה אַתָּה שׁוֹתֶה?

דָוִד: מַה שֶּׁכָּל אֶחָד שׁוֹתֶה. אֲנִי שׁוֹתֶה חָלָב.

יוֹסֵף: אֲנִי לֹא אוֹכֵל גְּבִינָה. אֲנִי אוֹכֵל לֶחֶם וְחֶמְאָה, וַאֲנִי שׁוֹתֶה חָלָב.

דָוִד: כָּל אֶחָד שׁוֹתֶה חָלָב!

יוֹסֵף: לֹא. לֹא כָּל אֶחָד. אַבָּא שֶׁלִּי לֹא שׁוֹתֶה חָלָב. הוּא שׁוֹתֶה קָפֶה.

דָוִד: גַּם אַבָּא שֶׁלִּי שׁוֹתֶה קָפֶה.

יוֹסֵף: אַתָּה אוֹכֵל אֲרוּחָה טוֹבָה. בְּתֵאָבוֹן.

דָוִד: תּוֹדָה, יוֹסֵף.

יוֹסֵף: בְּבַקָּשָׁה.

ב

אִמָּא: הַאִם אַתָּה עוֹד בַּבַּיִת?

אַבָּא: כֵּן, אֲנִי אוֹכֵל אֲרוּחַת־בֹּקֶר.

אִמָּא: הַאִם אַתָּה לֹא אוֹכֵל גְבִינָה?

אַבָּא: אֲנִי לֹא רוֹצֶה גְבִינָה. אֲנִי אוֹכֵל לֶחֶם וְחֶמְאָה, וַאֲנִי שׁוֹתֶה קָפֶה.

אִמָּא: הַאִם אַתָּה לֹא רוֹצֶה חָלָב?

אַבָּא: אֲנִי לֹא שׁוֹתֶה חָלָב.

אִמָּא: אַתָּה לֹא שׁוֹתֶה מַה שֶׁכָּל אֶחָד שׁוֹתֶה.

אַבָּא: כָּל יֶלֶד שׁוֹתֶה חָלָב. אֲנִי לֹא יֶלֶד.

אִמָּא: אַתָּה לֹא אוֹכֵל אֲרוּחָה טוֹבָה.

אַבָּא: הָאֲרוּחָה טוֹבָה. תּוֹדָה.

אִמָּא: בְּבַקָּשָׁה. בְּתֵאָבוֹן!

א

אֲנִי עוֹד אוֹכֵל.
אַתָּה עוֹד לוֹמֵד.
הוּא עוֹד שׁוֹתֶה.
הִיא עוֹד בַּבַּיִת.
אַתְּ עוֹד בַּכִּתָּה.

ב

אֲנִי לוֹמֵד מַה שֶׁאַתָּה לוֹמֵד.
אֲנִי אוֹכֵל מַה שֶּׁכָּל אֶחָד אוֹכֵל.
אַתָּה רוֹצֶה מַה שֶּׁכָּל אֶחָד רוֹצֶה.
הוּא אוֹמֵר מַה שֶׁהִיא אוֹמֶרֶת.
אַתָּה שׁוֹתֶה מַה שֶּׁאֲנִי שׁוֹתֶה.

ג

הַאִם אַתָּה לוֹמֵד בַּכִּתָּה?
הַאִם הוּא יוֹדֵעַ אַנְגְּלִית?
הַאִם הִיא אוֹמֶרֶת: בְּתֵאָבוֹן?
הַאִם הִיא רוֹצָה לִכְתֹּב עַל הַלּוּחַ?
הַאִם יֵשׁ לְךָ גִּיר?
הַאִם אַתָּה עוֹד אוֹכֵל?
הַאִם יֵשׁ לָךְ מַחְבֶּרֶת?
הַאִם אַתְּ יוֹדַעַת עִבְרִית?

הַאִם אַבָּא שֶׁלְּךָ בַּבַּיִת?

הַאִם יֵשׁ לְךָ מוֹרֶה טוֹב?

הַאִם זֹאת תַּלְמִידָה טוֹבָה?

הַאִם הַיֶּלֶד הַזֶּה יָפֶה?

הַאִם נָעִים לְהַכִּיר חָבֵר טוֹב?

הַאִם אַתָּה יוֹדֵעַ מַה שֶׁהוּא רוֹצֶה?

הַאִם שְׁמֵךְ רוּת?

אֲרוּחַת־בֹּקֶר שֶׁל אַבָּא   *Father's breakfast*

אַבָּא עוֹד בַּבַּיִת. הוּא עוֹד אוֹכֵל אֲרוּחַת־בֹּקֶר.

הוּא אוֹכֵל לֶחֶם וְחֶמְאָה. הוּא אוֹכֵל גַּם גְּבִינָה.

אַבָּא שׁוֹתֶה קָפֶה. הוּא לֹא שׁוֹתֶה חָלָב.

אִמָּא אוֹמֶרֶת שֶׁאַבָּא לֹא אוֹכֵל אֲרוּחָה טוֹבָה.

הִיא אוֹמֶרֶת:

— כָּל אֶחָד שׁוֹתֶה חָלָב, וְאַתָּה שׁוֹתֶה קָפֶה.

— אֲנִי אוֹכֵל אֲרוּחָה טוֹבָה — אוֹמֵר אַבָּא — תּוֹדָה.

— בְּבַקָּשָׁה — אוֹמֶרֶת אִמָּא — בְּתֵאָבוֹן.

תַּרְגִּילֵי לָשׁוֹן Language Drills

א

Check (✓) the Hebrew sentence which best describes the illustration to the left.

( ) הִנֵּה לֶחֶם וְחֶמְאָה.
( ) אַבָּא אוֹכֵל וְשׁוֹתֶה.
( ) הִנֵּה בֵּיצָה עַל הַשֻּׁלְחָן.

( ) הַאִם אַתָּה שׁוֹתֶה חָלָב?
( ) אֲנִי אוֹכֵל לֶחֶם וְחֶמְאָה.
( ) מָה אַתָּה רוֹצֶה לֶאֱכֹל?

( ) הַאִם אַתָּה אוֹכֵל בֵּיצָה?
( ) הַאִם אַתְּ אוֹכֶלֶת אֲרוּחָה?
( ) הוּא שׁוֹתֶה קָפֶה.

( ) אֲנִי שׁוֹתָה וְאַתָּה שׁוֹתֶה.
( ) אַתָּה אוֹכֵל וְהוּא אוֹכֵל.
( ) הַאִם יֵשׁ לְךָ אֲרוּחָה טוֹבָה?

ב

מַה חָסֵר? *What's Missing?*

1 הוּא______לֶחֶם וְחֶמְאָה. (אוֹכֵל שׁוֹתֶה)

2 דָוִד לֹא אוֹכֵל______. (לֶחֶם גִיר)

3 אֲנִי אוֹכֵל לֶחֶם וְ______. (לוּחַ חֶמְאָה)

4 מִי רוֹצֶה______לַאֲרוּחַת־הַבֹּקֶר? (בְּתֵאָבוֹן גְבִינָה)

5 אַתָּה אוֹכֵל גַם גְבִינָה וְגַם______. (בֵּיצָה קָפֶה)

6 כָּל אֶחָד שׁוֹתֶה______. (חָלָב חֶמְאָה)

7 אַבָּא שֶׁלִי______קָפֶה. (לוֹמֵד שׁוֹתֶה)

8 הוּא שׁוֹתֶה מַה______כָּל אֶחָד שׁוֹתֶה. (שֶׁ לְ)

9 ______יֵשׁ לְךָ אֲרוּחָה טוֹבָה? (הַאִם אֶל)

10 ______שׁוֹתֶה חָלָב בַּבֹּקֶר. (קָפֶה יֶלֶד)

ג

In each Hebrew sentence circle the word which has the same meaning as the English word to the right.

1 egg — מִי רוֹצֶה בֵּיצָה טוֹבָה?

2 bread — לֶחֶם וְחֶמְאָה עַל הַשֻּׁלְחָן.

3 butter — מִי שֶׁאוֹכֵל לֶחֶם אוֹכֵל גַם חֶמְאָה.

4 drinks — בַּבֹּקֶר אַבָּא שׁוֹתֶה קָפֶה.

5 milk — מִי עוֹד שׁוֹתֶה חָלָב?

6 do you   הַאִם אַתָּה אוֹכֵל אֲרוּחַת־בֹּקֶר?

7 eats   מִי אוֹכֵל גְּבִינָה וּבֵיצָה?

8 the meal   מַה טוֹבָה הָאֲרוּחָה הַזֹּאת!

9 coffee   זֶה לֹא חָלָב, זֶה קָפֶה.

10 everybody   כָּל אֶחָד אוֹכֵל וְשׁוֹתֶה.

ד

Choose one of the following words to complete each sentence.   אוֹכֵל חָלָב שֶׁ — שֻׁלְחָן הַאִם
בְּתֵאָבוֹן טוֹבָה בֵּיצָה שׁוֹתֶה אֶחָד

1   _____ אַבָּא שֶׁלָּךְ בַּבַּיִת?

2   אֲנִי לֹא אוֹכֵל גְּבִינָה. אֲנִי אוֹכֵל _____.

3   הוּא לֹא _____ חֶמְאָה. הוּא אוֹכֵל בֵּיצָה.

4   כָּל _____ אוֹכֵל אֲרוּחַת־בֹּקֶר.

5   הוּא לֹא שׁוֹתֶה קָפֶה. הוּא שׁוֹתֶה _____.

6   אֲנִי שׁוֹתֶה מַה _____ הוּא שׁוֹתֶה.

7   הַאִם עַל הַ _____ אֲרוּחַת־בֹּקֶר?

8   אִמָּא אוֹמֶרֶת: _____ כָּל אֶחָד!

9   מִי לֹא _____ קָפֶה?

10   הֶחָלָב טוֹב וְגַם הַגְּבִינָה _____.

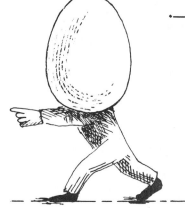

שִׁעוּר אַרְבָּעָה עָשָׂר

Lesson Fourteen

א

דָּוִד: אִמָּא, מָה אַתְּ אוֹפָה הַיּוֹם?

אִמָּא: הַיּוֹם אֲנִי אוֹפָה עוּגָה טוֹבָה.

דָּוִד: עוּגָה? מַה טּוֹב! אֲנִי רוֹצֶה לֶאֱכֹל עוּגָה טוֹבָה!

אִמָּא: אֲנִי אוֹפָה אֶת הָעוּגָה בִּשְׁבִיל סַבָּא וְסַבְתָּא.

דָּוִד: בִּשְׁבִיל סַבָּא וְסַבְתָּא? הַאִם סַבָּא וְסַבְתָּא בָּאִים הַיּוֹם?

אִמָּא: לֹא. סַבָּא וְסַבְתָּא לֹא בָּאִים הַיּוֹם.

אֲנַחְנוּ הוֹלְכִים אֶל הַבַּיִת שֶׁל סַבָּא וְסַבְתָּא.

דָּוִד: מַה טּוֹב וְיָפֶה!

אִמָּא: כֵּן, מַה טּוֹב וּמַה נָּעִים!

ב

אוֹרָה: אִמָּא, דָּוִד אוֹמֵר שֶׁסַּבָּא וְסַבְתָּא בָּאִים אֶל הַבַּיִת הַיּוֹם.

אִמָּא: לֹא, אוֹרָה. סַבָּא וְסַבְתָּא לֹא בָּאִים.
אֲנַחְנוּ הוֹלְכִים אֶל הַבַּיִת שֶׁל סַבָּא וְסַבְתָּא.

אוֹרָה: מַה טּוֹב! מַה נָּעִים! אֲנִי רוֹצָה לָלֶכֶת אֶל הַבַּיִת שֶׁל סַבָּא וְסַבְתָּא.

אִמָּא: כָּל אֶחָד רוֹצֶה לָלֶכֶת אֶל הַבַּיִת שֶׁל סַבָּא וְסַבְתָּא.

אוֹרָה: כֵּן, כָּל אֶחָד יוֹדֵעַ שֶׁסַּבְתָּא אוֹפָה עוּגָה טוֹבָה!

אִמָּא: הַיּוֹם סַבְתָּא לֹא אוֹפָה עוּגָה. הַיּוֹם אֲנִי אוֹפָה עוּגָה.

אוֹרָה: בִּשְׁבִיל סַבְתָּא?

אִמָּא: בִּשְׁבִיל סַבְתָּא, בִּשְׁבִיל סַבָּא, בִּשְׁבִיל אַבָּא,
וּבִשְׁבִיל כָּל אֶחָד.

אוֹרָה: בְּתֵאָבוֹן — כָּל אֶחָד!

דִּגְמֵי מִשְׁפָּט *Sentence Patterns*

ג	ב	א
אֲנַחְנוּ בַּבַּיִת.	הָעוּגָה טוֹבָה.	הִיא אוֹפָה לֶחֶם.
אֲנַחְנוּ הוֹלְכִים.	הָעוּגָה יָפָה.	הִיא אוֹפָה עוּגָה.
אֲנַחְנוּ בָּאִים.	הָעוּגָה שֶׁלִּי.	אִמָּא אוֹפָה הַיּוֹם.
אֲנַחְנוּ יְלָדִים.	הָעוּגָה שֶׁלָּךְ.	מַה הִיא אוֹפָה?

ה	ד
מִי לוֹמֵד הַיּוֹם?	הַיְלָדִים הוֹלְכִים הַבַּיְתָה.
מִי אוֹכֵל הַיּוֹם?	הַיְלָדִים בָּאִים אֶל סַבְתָּא.
מַה הִיא אוֹפָה הַיּוֹם?	הַיְלָדִים בָּאִים הַיּוֹם.
מָה אַתָּה יוֹדֵעַ הַיּוֹם?	הַיְלָדִים הוֹלְכִים אֶל סַבָּא.

ז	ו
מַה יֵּשׁ לֶאֱכֹל?	סַבָּא שׁוֹתֶה חָלָב.
אֵין מַה לֶאֱכֹל.	סַבְתָּא אוֹכֶלֶת עוּגָה.
מָה אַתָּה רוֹצֶה לֶאֱכֹל?	סַבָּא וְסַבְתָּא הוֹלְכִים.
אֲנִי רוֹצָה לֶאֱכֹל עוּגָה.	סַבָּא וְסַבְתָּא בָּאִים.

עוּגָה בִּשְׁבִיל כָּל אֶחָד! *Cake for everyone!*

דָוִד וְאוֹרָה בַּבַּיִת. דָוִד אוֹמֵר:

– מָה אוֹפָה אִמָא הַיוֹם?

– אִמָא אוֹפָה עוּגָה – אוֹמֶרֶת אוֹרָה.

דָוִד אוֹמֵר:

– זֶה טוֹב. אִמָא אוֹפָה עוּגָה טוֹבָה.

אוֹרָה אוֹמֶרֶת:

– כֵּן, כָּל אֶחָד יוֹדֵעַ שֶׁאִמָא אוֹפָה עוּגָה טוֹבָה.

– אֲנִי רוֹצֶה לֶאֱכֹל עוּגָה – אוֹמֵר דָוִד.

– לֹא – אוֹמֶרֶת אוֹרָה – הָעוּגָה הִיא בִּשְׁבִיל סַבָּא וְסַבְתָּא.

– מַה? – אוֹמֵר דָוִד – הַאִם סַבָּא וְסַבְתָּא בָּאִים הַיוֹם אֶל הַבַּיִת?

אוֹרָה אוֹמֶרֶת:

– לֹא. סַבָּא וְסַבְתָּא לֹא בָּאִים הַיוֹם. אַבָּא וְאִמָא הוֹלְכִים אֶל הַבַּיִת שֶׁל סַבָּא וְסַבְתָּא.

— אַבָּא וְאִמָּא הוֹלְכִים? וַאֲנַחְנוּ? אֲנַחְנוּ לֹא הוֹלְכִים?

— כֵּן – אוֹמֶרֶת אוֹרָה – גַּם אֲנַחְנוּ הוֹלְכִים הַיּוֹם אֶל סַבָּא וְסַבְתָּא.

אוֹמֵר דָּוִד:

— זֶה טוֹב! גַּם אֲנִי רוֹצֶה לֶאֱכֹל אֶת הָעוּגָה. הָעוּגָה שֶׁל אִמָּא טוֹבָה.

אוֹמֶרֶת אוֹרָה:

— גַּם אֲנִי רוֹצָה לֶאֱכֹל עוּגָה. יֵשׁ עוּגָה בִּשְׁבִיל כָּל אֶחָד.

— בִּשְׁבִיל כָּל אֶחָד? – אוֹמֵר דָּוִד – בְּתֵאָבוֹן, כָּל אֶחָד!

תַּרְגִילֵי לָשׁוֹן Language Drills

א

Check (✓) the Hebrew sentence which best describes the illustration to the left.

( ) סַבָּא וְסַבְתָּא בָּאִים אֶל הַבַּיִת.

( ) אֲנַחְנוּ הוֹלְכִים אֶל סַבָּא וְסַבְתָּא.

( ) נָעִים לְהַכִּיר אֶת סַבָּא וְסַבְתָּא.

( ) אִמָּא אוֹפָה עוּגָה.

( ) הוּא רוֹצֶה לֶאֱכֹל עוּגָה.

( ) סַבָּא אוֹכֵל אֶת הָעוּגָה.

( ) דָּוִד אוֹמֵר: הַאִם סַבָּא בַּבַּיִת?

( ) אוֹרָה אוֹמֶרֶת: בִּשְׁבִיל מִי הָעוּגָה?

( ) אִמָּא אוֹמֶרֶת: אֵין עוּגָה הַיּוֹם.

( ) דָּוִד אוֹמֵר: בְּתֵאָבוֹן, אוֹרָה!

( ) אֲנַחְנוּ בָּאִים לֶאֱכֹל אֲרוּחָה.

( ) הִיא רוֹצָה לֶאֱכֹל עוּגָה.

ב

Write the number of the English word next to the Hebrew word that means the same thing.

הַיּוֹם	____	1	(are) coming
בִּשְׁבִיל	____	2	Grandpa
סַבְתָּא	____	3	Grandma
אֲנַחְנוּ	____	4	(are) going
לֶאֱכֹל	____	5	we
בָּאִים	____	6	today
הוֹלְכִים	____	7	for
סַבָּא	____	8	to eat

ג

מָה חָסֵר? *What's Missing?*

1 אִמָּא בַּבַּיִת. הִיא ______. (אוֹפָה רוֹצָה)

2 הִיא אוֹפָה ______ טוֹבָה. (בֵּיצָה עוּגָה)

3 אֲנִי אוֹפָה עוּגָה ______ סַבָּא. (בִּשְׁבִיל אֲרוּחָה)

4 כָּל אֶחָד רוֹצֶה ______ אֶת הָעוּגָה. (לֶאֱכֹל לָלֶכֶת)

5 ______ בָּאִים אֶל הַכִּתָּה. (אַתָּה אֲנַחְנוּ)

6 אֲנַחְנוּ ______ אֶל הַכִּתָּה. (בָּאִים נָעִים)

7 אֲנַחְנוּ לֹא בָּאִים; אֲנַחְנוּ ______ (יְלָדִים הוֹלְכִים)

8 אַבָּא וְאִמָּא הוֹלְכִים ______. (בְּתֵאָבוֹן הַיּוֹם)

ד

כֵּן אוֹ לֹא? *Yes or No?*

1	הִיא אוֹפָה עוּגָה בָּרְחוֹב.	כֵּן	לֹא
2	אַבָּא אוֹכֵל אֶת כָּל הָעוּגָה.	כֵּן	לֹא
3	גַּם דָּוִד רוֹצֶה לֶאֱכֹל עוּגָה.	כֵּן	לֹא
4	אוֹרָה יוֹדַעַת שֶׁהָעוּגָה טוֹבָה.	כֵּן	לֹא
5	אֲנַחְנוּ לֹא בַּבַּיִת. אֲנַחְנוּ הוֹלְכִים הַבַּיְתָה.	כֵּן	לֹא
6	סַבָּא וְסַבְתָּא לוֹמְדִים בַּכִּתָּה.	כֵּן	לֹא
7	יְלָדִים הוֹלְכִים בָּרְחוֹב.	כֵּן	לֹא
8	הַיּוֹם אוֹרָה רוֹצָה לֶאֱכֹל.	כֵּן	לֹא
9	אִמָּא אוֹפָה עוּגָה בִּשְׁבִיל סַבָּא וְסַבְתָּא.	כֵּן	לֹא
10	כָּל אֶחָד רוֹצֶה לֶאֱכֹל עוּגָה.	כֵּן	לֹא

ה

אֱמֹר בְּעִבְרִית *Say it in Hebrew*

1 She bakes a cake.
2 Here (is) Grandpa.
3 Where (is) Grandma?
4 This (is) for Father.
5 Who wants to eat?
6 We (are) coming today.
7 We (are) going home!
8 The cake is good.
9 How good (it is)!
10 Grandpa does not eat today.

שִׁעוּר חֲמִשָּׁה עָשָׂר

ΨΨΨΨΨΨΨΨΨΨΨΨΨΨΨΨΨΨΨΨΨΨΨΨΨΨΨΨΨΨ

Lesson Fifteen

א

אוֹרָה: אִמָּא, אֵיפֹה אַבָּא הַיּוֹם?

אִמָּא: הוּא בַּבַּיִת שֶׁל הַדּוֹד.

אוֹרָה: אֵיזֶה דּוֹד? הָאָח שֶׁלָּךְ? הָאָח שֶׁל אַבָּא?

אִמָּא: הָאָח שֶׁל אַבָּא. הוּא בַּבַּיִת שֶׁל הַדּוֹד פֶּרֶץ.

אוֹרָה: אֲנִי אוֹהֶבֶת אֶת הַדּוֹד פֶּרֶץ.

אֲנִי אוֹהֶבֶת גַּם אֶת הַדּוֹדָה צִפּוֹרָה.

אִמָּא: וְאֶת הָאָח שֶׁלִּי, הַדּוֹד יַעֲקֹב, אַתְּ לֹא אוֹהֶבֶת?

אוֹרָה: אִמָּא! מָה אַתְּ אוֹמֶרֶת?! אֲנִי אוֹהֶבֶת גַּם אֶת הָאָח שֶׁלָּךְ
וְגַם אֶת הָאָח שֶׁל אַבָּא.

אִמָּא: חַ, חַ, חַ! אֲנִי יוֹדַעַת זֹאת, אוֹרָה. אֲנִי יוֹדַעַת שֶׁאַתְּ
אוֹהֶבֶת גַּם אֶת הַדּוֹד פֶּרֶץ וְגַם אֶת הַדּוֹד יַעֲקֹב!

אוֹרָה: וְגַם אֶת הַדּוֹדָה צִפּוֹרָה וְאֶת הַדּוֹדָה יְהוּדִית!

אִמָּא: אַתְּ יַלְדָּה טוֹבָה. גַּם הָאָח שֶׁלָּךְ, דָּוִד, אוֹהֵב אֶת הַדּוֹד פֶּרֶץ וְאֶת הַדּוֹד יַעֲקֹב.

אוֹרָה: הוּא אוֹהֵב גַּם אֶת הַדּוֹדָה צִפּוֹרָה וְאֶת הַדּוֹדָה יְהוּדִית.

אִמָּא: כֵּן. אֲנִי יוֹדַעַת זֹאת. אַתְּ וְדָוִד יְלָדִים טוֹבִים.

אוֹרָה: תּוֹדָה, אִמָּא.

אִמָּא: בְּבַקָּשָׁה.

ב

דָּוִד: הִנֵּה הַדּוֹד וְהַדּוֹדָה שֶׁלִּי בָּאִים!

יוֹסֵף: הַדּוֹד וְהַדּוֹדָה הוֹלְכִים אֶל הַבַּיִת שֶׁלְּךָ.

דָּוִד: כֵּן. הִנֵּה לַדּוֹדָה צִפּוֹרָה יֵשׁ עוּגָה.

יוֹסֵף: בִּשְׁבִיל מִי הָעוּגָה?

דָּוִד: בִּשְׁבִיל כָּל אֶחָד!

יוֹסֵף: גַּם אֲנִי אוֹהֵב לֶאֱכֹל עוּגָה. אֲנִי רוֹצֶה לָלֶכֶת אֶל הַבַּיִת שֶׁלְּךָ.

דָּוִד: בְּבַקָּשָׁה. הַאִם גַּם לְךָ יֵשׁ דּוֹד?

יוֹסֵף: כֵּן, יֵשׁ וָיֵשׁ: הָאָח שֶׁל אַבָּא שֶׁלִּי, וְגַם הָאָח שֶׁל אִמָּא שֶׁלִּי.

דָּוִד: מַה שֵּׁם הַדּוֹדָה שֶׁלְּךָ?

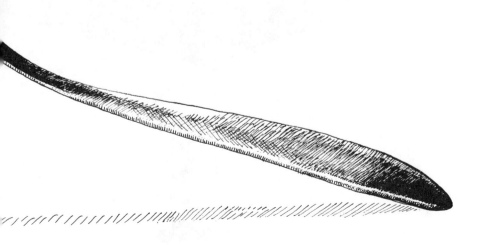

יוֹסֵף: יֵשׁ לִי דוֹדָה בְּשֵׁם שׁוּלַמִית, וְיֵשׁ לִי דוֹדָה בְּשֵׁם שָׂרָה.

דָוִד: הַדּוֹדָה שֶׁלִּי צִפּוֹרָה אוֹמֶרֶת שֶׁהִיא אוֹפָה עוּגָה טוֹבָה.

יוֹסֵף: אֲנִי רוֹצֶה לְהַכִּיר אֶת הַדּוֹדָה שֶׁלְּךָ.

דָוִד: כֵּן, אֲנִי יוֹדֵעַ. אַתָּה אוֹהֵב לֶאֱכֹל אֶת הָעוּגָה שֶׁל הַדּוֹדָה.

יוֹסֵף: כָּל אֶחָד יוֹדֵעַ שֶׁאֲנִי אוֹהֵב לֶאֱכֹל עוּגָה טוֹבָה.

דָוִד: וְכָל אֶחָד יוֹדֵעַ שֶׁגַּם אֲנִי רוֹצֶה לֶאֱכֹל עוּגָה.

יוֹסֵף: גַּם לִי וְגַם לְךָ — בְּתֵאָבוֹן!

דִּגְמֵי מִשְׁפָּט *Sentence Patterns*

א

הַדוֹד שֶׁלִי
הַדוֹד שֶׁלְךָ
הַדוֹד שֶׁלָךְ
הַדוֹד הַטוֹב
הַדוֹד הַזֶה

ב

הַדוֹדָה שֶׁלִי
הַדוֹדָה שֶׁלְךָ
הַדוֹדָה שֶׁלָךְ
הַדוֹדָה הַטוֹבָה
הַדוֹדָה הַזֹאת

ג

הָאָח שֶׁלִי
הָאָח שֶׁלְךָ
הָאָח שֶׁלָךְ
הָאָח הַטוֹב
הָאָח הַזֶה

ד

הוּא אוֹהֵב אֶת הָאָח.
הַדוֹד אוֹהֵב אֶת הָאָח.
דָוִד אוֹהֵב אֶת הָאָח.
אַבָּא אוֹהֵב אֶת הָאָח.
הַיֶלֶד אוֹהֵב אֶת הָאָח.

ה

הִיא אוֹהֶבֶת אֶת הָאָח.
הַדוֹדָה אוֹהֶבֶת אֶת הָאָח.
אוֹרָה אוֹהֶבֶת אֶת הָאָח.
אִמָא אוֹהֶבֶת אֶת הָאָח.
הַיַלְדָה אוֹהֶבֶת אֶת הָאָח.

ו

יַלְדָה בְּשֵׁם אוֹרָה
דוֹדָה בְּשֵׁם צִפּוֹרָה
תַּלְמִידָה בְּשֵׁם רוּת
אָדוֹן בְּשֵׁם כֹּהֵן
מוֹרֶה בְּשֵׁם כַּרְמֶל

ז

אֵיזֶה שֵׁם יֵשׁ לָךְ?
אֵיזֶה דוֹד יֵשׁ לְךָ?
אֵיזֶה אָח יֵשׁ לְאַבָּא?
אֵיזֶה סֵפֶר יֵשׁ לְאוֹרָה?
אֵיזֶה תַּלְמִיד הוּא?

תַּרְגִּילֵי לָשׁוֹן Language Drills

א

Check (✓) the Hebrew sentence which best describes the illustration to the left.

( ) הִנֵּה הָאָח שֶׁל אִמָּא!

( ) הַדּוֹד וְהַדּוֹדָה בָּאִים אֶל הַבַּיִת.

( ) אוֹרָה אוֹהֶבֶת אֶת הַדּוֹדָה.

( ) הַדּוֹד אוֹהֵב אֶת הַדּוֹדָה.

( ) הַיֶּלֶד אוֹהֵב אֶת אִמָּא.

( ) הַיֶּלֶד אוֹכֵל אֲרוּחָה.

( ) הַדּוֹד וְהַדּוֹדָה הוֹלְכִים בָּרְחוֹב.

( ) לַדּוֹד פֶּרֶץ יֵשׁ יְלָדִים טוֹבִים.

( ) לַדּוֹדָה שׁוּלַמִּית אֵין אָח.

( ) הַיּוֹם אֲנַחְנוּ בָּאִים אֶל הַכִּתָּה.

( ) הַדּוֹד וְהַדּוֹדָה בָּאִים אֶל הַבַּיִת.

( ) אֲנַחְנוּ הוֹלְכִים אֶל הַבַּיִת שֶׁל הַדּוֹד.

ב

Circle the Hebrew word which has the same meaning as the English word on the right.

הוֹלְכִים בָּאִים לָלֶכֶת לְהַכִּיר	1	(are) going
תַּלְמִיד אָדוֹן דָּוִד סַבָּא	2	student
גְּבֶרֶת אֶל נָעִים אֵיפֹה	3	where
הוּא אֲנַחְנוּ אַתָּה אֲנִי	4	we
לֶאֱכֹל לִקְרֹא לִכְתֹּב לִלְמֹד	5	eat
הוּא הִיא אַתְּ אִמָּא	6	she
אוֹהֵב אוֹכֵל אוֹמֵר שׁוֹתֶה	7	loves
הָאֵם אֲרוּחָה שְׁמֵךְ בְּבַקָּשָׁה	8	please
כֵּן שֵׁם הִנֵּה כָּל	9	here (is)
יוֹדֵעַ אוֹפֶה אוֹהֵב רוֹצֶה	10	knows
אֲרוּחָה לֶחֶם רְחוֹב חָלָב	11	street
טוֹב יָפֶה גַּם נָעִים	12	pretty
חָבֵר סַבְתָּא גְּבֶרֶת אָדוֹן	13	friend
שְׁמִי קָפֶה גִּיר שֵׁם	14	name
יָפֶה הַבַּיְתָה נָעִים טוֹבָה	15	pleasant
עוֹד אָח בָּאִים בִּשְׁבִיל	16	for

ג

מָה חָסֵר? *What's Missing?*

1 הַדוֹד וְהַ______ בָּאִים הַבַּיְתָה. (דוֹדָה בֵּיצָה)

2 הָאָח שֶׁל אַבָּא הוּא הַדוֹד______. (שֶׁלִי הַזֶה)

3 תַּלְמִידִים______ לוֹמְדִים עִבְרִית. (טוֹבִים לְהַכִּיר)

4 יֵשׁ לִי חָבֵר______ יוֹסֵף. (אָח בְּשֵׁם)

5 הַ______ וְהַדוֹדָה הוֹלְכִים בָּרְחוֹב. (דוֹד שִׁמְךָ)

6 הַמוֹרָה______ אֶת הַתַּלְמִידִים. (אוֹפָה אוֹהֶבֶת)

7 הַמוֹרֶה______ אֶת הַתַּלְמִיד הַזֶה. (אוֹהֵב אוֹכֵל)

8 ______ סֵפֶר יֵשׁ לְךָ? (אֵיפֹה אֵיזֶה)

ד

אֱמֹר בְּעִבְרִית *Say it in Hebrew*

1 My uncle Peretz.
2 This is my brother.
3 We are good students.
4 Who loves David?
5 Which book (do) you have?
6 Uncle and Aunt are coming.
7 Father and Mother are walking.
8 What's your brother's name?

שִׁעוּר שִׁשָּׁה עָשָׂר

Lesson Sixteen

אוֹרָה: בּוֹא הֵנָה, דָּוִד, בְּבַקָּשָׁה.

דָּוִד: מַה יֵּשׁ? מַה יֵּשׁ, אוֹרָה?

אוֹרָה: הִנֵּה, הַדּוֹד וְהַדּוֹדָה בָּרְחוֹב. הֵם בָּאִים הֵנָה.

דָּוִד: אִמָּא, בּוֹאִי הֵנָה, בְּבַקָּשָׁה!

אִמָּא: מַה יֵּשׁ? מַה יֵּשׁ, יְלָדִים?

דָּוִד: הַדּוֹד וְהַדּוֹדָה! הִנֵּה הֵם הוֹלְכִים בָּרְחוֹב.
הֵם בָּאִים הֵנָה.

אִמָּא: אֲנִי יוֹדַעַת. הֵם בָּאִים אֶל הַבַּיִת. הֵם בָּאִים הֵנָה.
הֵם אוֹרְחִים הַיּוֹם.

דָּוִד: אֲנִי אוֹהֵב אֶת הַדּוֹד יַעֲקֹב וְאֶת הַדּוֹדָה יְהוּדִית.
הֵם אוֹרְחִים טוֹבִים.

אוֹרָה: הַאִם יֵשׁ עוּגָה טוֹבָה בִּשְׁבִיל הָאוֹרְחִים?
אִמָּא: יֵשׁ וְיֵשׁ! יֵשׁ עוּגָה, יֵשׁ חָלָב וְיֵשׁ גַּם קָפֶה.
דָּוִד: מַה טּוֹב! יֵשׁ מַה לֶאֱכֹל!
אוֹרָה: הִנֵּה הֵם!
דָּוִד: שָׁלוֹם, דּוֹד! שָׁלוֹם, דּוֹדָה!
דּוֹדָה: שָׁלוֹם, שָׁלוֹם, כָּל אֶחָד!
אִמָּא: שָׁלוֹם, יַעֲקֹב. שָׁלוֹם, יְהוּדִית.
דָּוִד: בְּרוּכִים הָאוֹרְחִים!
אִמָּא: בְּרוּכִים הַבָּאִים!

דְּגָמֵי מִשְׁפָּט *Sentence Patterns*

א	ב	ג
בּוֹא הֵנָּה.	בּוֹאִי הֵנָּה.	מַה יֵּשׁ, דָּוִד?
בּוֹא הַבַּיְתָה.	בּוֹאִי הַבַּיְתָה.	מַה יֵּשׁ, אוֹרָה?
בּוֹא בְּשָׁלוֹם.	בּוֹאִי בְּשָׁלוֹם.	מַה יֵּשׁ, אִמָּא?
בּוֹא, בְּבַקָּשָׁה.	בּוֹאִי, בְּבַקָּשָׁה.	מַה יֵּשׁ, סַבָּא?

ד	ה	ו
הֵם בָּאִים.	בְּרוּכִים הַבָּאִים!	מִי הֵם?
הֵם הוֹלְכִים.	בְּרוּכִים הַהוֹלְכִים!	אֵיפֹה הֵם?
הֵם אוֹרְחִים.	בְּרוּכִים הָאוֹרְחִים!	לֹא הֵם!
הֵם תַּלְמִידִים.	בְּרוּכִים הַיְלָדִים!	גַּם הֵם.
הֵם בְּרוּכִים.	בְּרוּכִים הַתַּלְמִידִים!	הִנֵּה הֵם!

ז	ח
הָאוֹרְחִים בָּאִים.	אוֹרְחִים בַּבַּיִת.
הָאוֹרְחִים הוֹלְכִים.	אוֹרְחִים בַּכִּתָּה.
הָאוֹרְחִים טוֹבִים.	אוֹרְחִים בָּרְחוֹב.
הָאוֹרְחִים יְלָדִים.	אוֹרְחִים שֶׁלְּךָ.

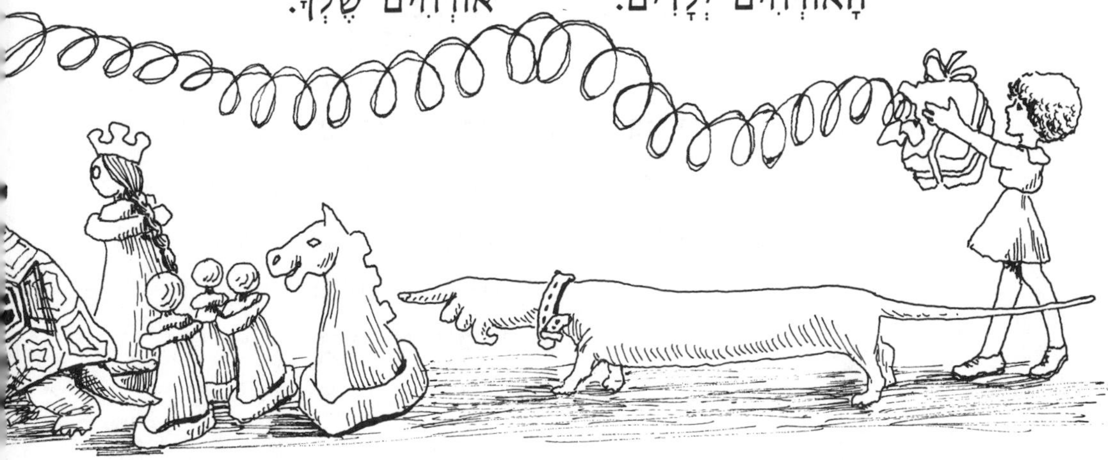

בְּרוּכִים הַבָּאִים! *Welcome!*

הַדּוֹד יַעֲקֹב וְהַדּוֹדָה יְהוּדִית הוֹלְכִים בָּרְחוֹב.
הֵם בָּאִים אֶל הַבַּיִת.
הֵם אוֹרְחִים בַּבַּיִת שֶׁל גְּבֶרֶת כֹּהֵן, אָדוֹן כֹּהֵן, וְהַיְלָדִים, דָּוִד וְאוֹרָה.
גְּבֶרֶת כֹּהֵן אוֹמֶרֶת לַדּוֹד וְלַדּוֹדָה:
– בְּרוּכִים הַבָּאִים!
– בְּרוּכִים הָאוֹרְחִים! – אוֹמֶרֶת אוֹרָה.
הַדּוֹדָה יְהוּדִית אוֹמֶרֶת לְדָוִד:
– בּוֹא הֵנָּה, דָּוִד. הַאִם אַתָּה יֶלֶד טוֹב? הַאִם אַתָּה לוֹמֵד עִבְרִית? הַאִם יֵשׁ לְךָ מוֹרֶה טוֹב?
וְהַדּוֹד יַעֲקֹב אוֹמֵר לְאוֹרָה:
– בּוֹאִי הֵנָּה, אוֹרָה. הַאִם אַתְּ לוֹמֶדֶת עִבְרִית בַּכִּתָּה? וּמַה שֵׁם הַמּוֹרָה שֶׁלָּךְ?

וְהַדּוֹדָה אוֹמֶרֶת עוֹד:

– אֵיפֹה הָאָח שֶׁלִּי? הַאִם הוּא לֹא בַּבַּיִת הַיּוֹם?

אִמָּא אוֹמֶרֶת:

– הוּא וְהֶחָבֵר בָּרְחוֹב. הִנֵּה הֵם בָּאִים אֶל הַבַּיִת!

הָאָדוֹן כֹּהֵן וְהֶחָבֵר בָּאִים הַבַּיְתָה. הָאָדוֹן כֹּהֵן אוֹמֵר לַדּוֹד

וְלַדּוֹדָה:

– בְּרוּכִים הָאוֹרְחִים הַטּוֹבִים! בְּרוּכִים הַבָּאִים!

גְּבֶרֶת כֹּהֵן אוֹמֶרֶת לָאוֹרְחִים:

– הִנֵּה עוּגָה עַל הַשֻּׁלְחָן. הִנֵּה חָלָב. הִנֵּה קָפֶה.

בְּבַקָּשָׁה לָלֶכֶת אֶל הַשֻּׁלְחָן. בְּבַקָּשָׁה לֶאֱכֹל!

כָּל אֶחָד אוֹכֵל, כָּל אֶחָד שׁוֹתֶה, וְכָל אֶחָד אוֹמֵר:

– מַה טּוֹב וּמַה נָּעִים!

תַּרְגִּילֵי לָשׁוֹן *Language Drills*

א

Check (✓) the Hebrew sentence which best describes the illustration to the left.

( ) אֲנִי אוֹהֵב אֶת הַדּוֹד.

( ) הֵם בָּאִים אֶל הַבַּיִת.

( ) אֲנַחְנוּ אוֹרְחִים טוֹבִים.

( ) הִנֵּה אִמָּא בַּבַּיִת!

( ) בּוֹאִי הֵנָּה, יַלְדָּה טוֹבָה.

( ) מַה יֵּשׁ? מַה הוּא אוֹמֵר?

( ) הִיא אוֹכֶלֶת עוּגָה.

( ) הֵם הוֹלְכִים בָּרְחוֹב.

( ) כֵּן, הֵם רוֹצִים לִכְתֹּב.

( ) בְּרוּכִים הַבָּאִים.

( ) הַדּוֹדָה אוֹכֶלֶת עוּגָה.

( ) בְּרוּכִים אַבָּא וְאִמָּא!

ב

הֲפָכִים *Opposites*

Write the number of each word in the left-hand column next to its opposite in the right-hand column.

______ דּוֹדָה	1	אוֹכֵל
______ לֹא	2	דּוֹד
______ יַלְדָּה	3	אַבָּא
______ עִבְרִית	4	כֵּן
______ שׁוֹתֶה	5	תַּלְמִיד
______ אִמָּא	6	יֶלֶד
______ תַּלְמִידָה	7	סַבָּא
______ סַבְתָּא	8	אַנְגְּלִית

ג

מָה חָסֵר? *What's Missing?*

1 דָּוִד, ______ הֵנָּה! (לֶאֱכֹל בּוֹא)

2 אוֹרָה, בְּבַקָּשָׁה, ______ אֶל הַשֻּׁלְחָן. (בּוֹאִי אַתְּ)

3 בּוֹא ______, אָח טוֹב. (יָפֶה הֵנָּה)

4 מִ______? הֵם אוֹרְחִים. (הֵם שָׁם)

5 מַה ______, אִמָּא? מָה אַתְּ רוֹצָה? (טוֹב יֵשׁ)

6 הֵם אַבָּא וְאִמָּא, וַ______ יְלָדִים. (אֲנַחְנוּ הוּא)

7 הַדּוֹד וְהַדּוֹדָה הֵם ______ בַּבַּיִת. (תַּלְמִידִים אוֹרְחִים)

8 הוּא ______ עוּגָה טוֹבָה. (אוֹכֵל שׁוֹתֶה)

ד

Check (V) the Hebrew sentence which means the same as the English sentence above it.

Please come here.

( ) בְּבַקָּשָׁה, לֵךְ אֶל הַשֻּׁלְחָן.

( ) בְּבַקָּשָׁה, בּוֹא הֵנָּה!

( ) בְּבַקָּשָׁה לֶאֱכֹל עוּגָה!

Come here, Mother!

( ) אִמָּא, בּוֹאִי הֵנָּה!

( ) הִנֵּה אִמָּא בַּבַּיִת.

( ) מִי הָאָח שֶׁל אִמָּא?

They (are) coming.

( ) הֵם הוֹלְכִים.

( ) הֵם בָּאִים.

( ) הֵם אוֹרְחִים.

What's the matter, Ora?

( ) מַה יֵּשׁ בַּבַּיִת?

( ) מִי בָּרְחוֹב?

( ) אוֹרָה, מַה יֵּשׁ?

Welcome (those who come)!

( ) בְּרוּכִים הָאוֹרְחִים!

( ) בְּרוּכִים הַבָּאִים!

( ) בְּרוּכִים הַיְלָדִים!

She likes cake.

( ) הִיא אוֹהֶבֶת לֶאֱכֹל.

( ) הִיא רוֹצָה עוּגָה.

( ) הִיא אוֹהֶבֶת עוּגָה.

ה

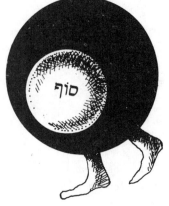

אֱמֹר בְּעִבְרִית *Say it in Hebrew*

1 Come here, David.
2 Come here, Ora.
3 Welcome (those who come)!
4 Here (are) the guests.
5 They (are) coming.
6 Who wants to eat?
7 Here they (are)!
8 Please, come today.

רְשִׁימַת מִלִּים Word List

Abbreviations: *m.* = masculine *f.* = feminine *s.* = singular *pl.* = plural

אַבָּא father
אָדוֹן Mr.; gentleman
אוֹהֵב like(s); love(s)—*m.*
אוֹהֶבֶת like(s); love(s)—*f.*
אוֹכֵל eat(s)—*m.*
אוֹמֵר say(s)—*m.*
אוֹמֶרֶת say(s)—*f.*
אוֹפָה bake(s)—*f.*
אוֹרְחִים guests
אָח brother
אֶחָד one
אֵיזֶה which?
אֵין there isn't
אֵין לִי I do not have
אֵין לְךָ you don't have—*m.s.*
אֵין לָךְ you don't have—*f.s.*
אֵיפֹה where (is)?
אֶל to
אִמָּא mother
אַנְגְּלִית English
אֲנַחְנוּ we
אֲנִי I
אֲרוּחָה meal
אֲרוּחַת־בֹּקֶר breakfast
אֶת (used before direct object)
אַתְּ you—*f.s.*
אַתָּה you—*m.s.*

בְּ, בַּ in, in the
בָּאִים (are) coming
בְּבַקָּשָׁה please
בּוֹא come!—*m.s.*
בּוֹא הֵנָּה come here!—*m.s.*
בּוֹאִי come!—*f.s.*
בּוֹאִי הֵנָּה come here!—*f.s.*
בֵּיצָה egg
בַּיִת house
בֹּקֶר morning
בְּרוּכִים blessed—*m.pl.*
בִּשְׁבִיל for
בְּשֵׁם by the name of; called
בְּתֵאָבוֹן "good appetite"

גְּבִינָה cheese
גְּבֶרֶת Mrs.; madame
גִּיר chalk
גַּם also

דּוֹד uncle
דּוֹדָה aunt

הַ, הָ, הֶ the
הַאִם do you? are you?
הַבַּיְתָה (going) home
הוּא he
הוֹלְכִים (are) going—*pl.*
הִיא she
הַיּוֹם today
הֵם they—*m.*
הִנֵּה here (is)
הֵנָּה here

וְ, וּ and

זֹאת this—*f.s.*
זֶה this—*m.s.*

חָבֵר friend—*m.s.*
חֲבֵרָה friend—*f.s.*
חֲבֵרִים friend—*m.pl.*
חָלָב milk
חֶמְאָה butter

טוֹב good—*m.s.*
טוֹבָה good—*f.s.*
טוֹבִים good—*m.pl.*

יוֹדֵעַ know(s)—*m.s.*
יוֹדַעַת know(s)—*f.s.*
יֶלֶד boy
יַלְדָּה girl
יְלָדִים children
יָפֶה nice, pretty
יֵשׁ there is
יֵשׁ לִי I have
יֵשׁ לְךָ you have—*m.s.*
יֵשׁ לָךְ you have—*f.s.*

כָּל every
כָּל אֶחָד everybody
כֵּן yes
כִּתָּה classroom

לְ, לַ to; to the
לֹא no
לֶאֱכֹל to eat
לְהַכִּיר to meet (know)
לוּחַ blackboard
לוֹמֵד (is) studying—*m.s.*
לוֹמֶדֶת (is) studying—*f.s.*
לֶחֶם bread
לִי to me; I have
לְךָ to you; you have—*m.s.*
לָךְ to you; you have—*f.s.*
לִכְתֹּב to write
לָלֶכֶת to walk; to go
לִלְמֹד to study
לִקְרֹא to read

מַה, מָה what; how
מַה יֵּשׁ what's the matter?
מוֹרֶה teacher—*m.*
מוֹרָה teacher—*f.*
מַחְבֶּרֶת notebook
מִי who?

נָעִים pleasant

סַבָּא grandpa
סַבְתָּא grandma
סֵפֶר book

עִבְרִית Hebrew
עוּגָה cake
עוֹד more; else; still
עַל on
עִפָּרוֹן pencil

קָפֶה coffee

רוֹצֶה want(s)—*m.s.*
רוֹצָה want(s)—*f.s.*
רְחוֹב street

שֶׁ that
שׁוֹתֶה drink(s)
שֶׁל of
שָׁלוֹם hello; goodbye
שֻׁלְחָן table
שֶׁלִּי my; mine
שֶׁלְּךָ your; yours—*m.s.*
שֶׁלָּךְ your; yours—*f.s.*
שֵׁם name
שְׁמִי my name
שִׁמְךָ your name—*m.s.*
שְׁמֵךְ your name—*f.s.*

תּוֹדָה thanks
תַּלְמִיד student—*m.s.*
תַּלְמִידָה student—*f.s.*
תַּלְמִידוֹת students—*f.pl.*
תַּלְמִידִים students—*m.pl.*